CONFIDENCE PHILOSOPHIQUE.

Eripuit fulmenque Jovi Phæboque sagittas,
Ac mortale manumittens genus, omnia jussit
Audere.

SECONDE EDITION, REVUE ET AUGMENTÉE.

TOME SECOND.

GENEVE.

M. DCC. LXXVI.

CONFIDENCE PHILOSOPHIQUE.

NEUVIEME LETTRE.

LA Converſation de hier m'a» muſa beaucoup « me dit Madame *Hébert* » & depuis, » je n'ai pu penſer, ſans rire, » à vos Philoſophes qui bâtiſ» ſent le Monde & ſes ha» bitans, avec ces Atomes qui ſe meu» vent, s'accrochent & s'arrondiſſent.... «
» Madame! Ces Philoſophes ſont moins » ridicules que vous ne penſés.... mais n'en » parlons plus. Il en eſt d'autres qui avouent

» ingénument, qu'ils ne ſavent que dire ſur
» la Queſtion de l'Exiſtence de Dieu, &
» qu'ils la décideroient volontiers à croix ou
» pile. «

» Cela eſt un peu leſte! «

» C'eſt pourtant ce que bien des gens ap-
» pellent le *Pyrrhoniſme du Sage.* D'autres,
» enfin, admettent l'exiſtence d'un Dieu.
» L'aîle d'un Papillon & l'œil d'une Mouche
» ſuffiſent pour la leur démontrer. Ils re-
» gardent comme des inſenſés ceux qui ne
» croyent pas une Cauſe admirable, quand
» ils voyent des effets admirables; ceux qui
» diſent, qu'une horloge ne prouve pas un
» horloger, qu'une maiſon ne prouve pas
» un Architecte. «

» Point, en effet, de folie pareille à
» celle-là! En vérité, Monſieur, je ſuis
» fort étonnée que les Philoſophes ne s'ac-
» cordent pas ſur l'Exiſtence d'un Dieu; il
» me ſemble que cela fait quelque tort à la
» *Philoſophie.* «

» Quelque tort à la *Philoſophie*! Non,
» Madame; cela ne prouve que la candeur
» des Philoſophes. Tous les hommes ne ſont

» pas frappés également. Chaque esprit a » son télescope. C'est un colosse, à mes » yeux, que cette objection qui disparoît » aux vôtres. Vous trouvés légère une » raison qui m'écrase. Cette preuve qui » vous subjugue, ne m'affecte point-du- » tout. Vous le savez ; tout cela tient à » l'organisation. «

» Et que concluez-vous de-là?

» Qu'il n'est point étonnant que les Phi- » losophes ne s'accordent pas sur l'existence de » Dieu. D'ailleurs, Madame, cela ne fait » rien par rapport à la Question que vous » m'avez proposée, sur les peines & les ré- » compenses après la mort. «

» Comment cela ? je vous prie. «

Voyant la grande répugnance de Madame *Hébert* pour l'*Athéisme* décidé, je pris, Monsieur, un parti qui ne pouvoit que la conduire aux mêmes Conséquences. Je cherchai à lui faire admettre le Dieu, si commode, d'*Epicure*, un Dieu qui laisse les hommes jouer sur la terre un rôle de quelques années, sans se formaliser de leur conduite, quelle qu'elle puisse être. » En souf-

» crivant « lui dis-je » à l'existence d'un » *Dieu*, l'on n'en admet réellement que le » *nom*, ou il devient, pour l'homme, tel » que s'il n'existoit pas, parce que, si, » d'un côté, on lui attribue la création de » l'Univers, de l'autre, on est forcé de » convenir, qu'il ne se mêle point de ce » qui s'y passe. «

» Par quelle raison? s'il vous plaît. «

» Par la raison, que c'est avilir & outra- » ger la Grandeur & la Majesté de Dieu, » que de lui faire jeter un coup-d'œil sur » ce bas monde; que c'est l'assujettir à des » attentions pénibles & continuelles; que, » d'ailleurs, la seule vue de ce qui se passe » sur notre Globe démontre aux plus stu- » pides, que Dieu n'y prend aucune part.... «

» Mais pourquoi donc l'a-t-il créé?.... «

» C'est une autre question! Considérez, » Madame, le lugubre tableau des misères » humaines! « Je me hâtai de faire passer devant ses yeux, la peste, la famine, les guerres, les volcans, les tempêtes, les incendies, les inondations, la pierre, la goute, la gravelle, & toute l'effrayante cohorte de maux dont notre chétive humanité est assaillie. Elle fut tellement atterrée de la noire peinture que je lui faisois, qu'elle me dit, d'une voix presque larmoyante » C'est » assez, Monsieur, c'est assez! Finissez donc, » je vous prie! « J'ajoutai cependant encore quelques traits bien vigoureux, parce qu'il m'importoit fort que le *Dieu* de Madame *Hébert* fut coulant avec elle sur ses penchans & sur ses plaisirs.

Voyant que j'avois réussi au-delà même de mes espérances, il me fut aisé de lui faire sentir, que, dès-que Dieu ne se mèle point de ce qui se passe dans ce monde, il est absurde de croire à des peines & à des récompenses après la mort. » D'autant plus « ajoutai-je » comme vous l'avez très-bien » compris, Madame, que des peines & des » récompenses supposent nécessairement la » liberté de l'homme & le pouvoir de vain- » cre ses passions; suppositions démontrées » absurdes, comme nous l'avons vu, par le » raisonnement & l'expérience. «

» Tout cela me paroît évident « me dit » Madame *Hébert* « (que le penchant du cœur, à ce qu'il me parut, commençoit à rendre un peu plus pliante à mes opinions) » cependant, Monsieur, dans les » Ouvrages philosophiques que vous me » faites lire, il est souvent parlé d'un » *Dieu Vengeur*, d'un *Dieu Rémunérateur*.... «

» Comme il y est parlé de la *beauté naturelle de la Vertu*, de l'*Ordre moral*, &c. » Ce sont-là, je vous l'ai dit, des phrases » pour le Vulgaire, qu'il est bon de laisser » croire à l'Enfer & au Paradis. Mais, » Madame, les Têtes pensantes savent bien » à quoi s'en tenir, lorsqu'une fois elles » ont été frappées de l'évidence des *Principes* que posent les Philosophes dans ces » mêmes Ouvrages où ces phrases sont, » pour-ainsi-dire, encadrées. D'ailleurs, » ne voulant pas heurter de-front les pré- » jugés, de crainte de révolter, du premier » abord, ceux qui sont faits pour être éclai- » rés, les Philosophes jettent, çà & là, » dans leurs Ecrits, les phrases qui vous » ont frappée; ils en enveloppent, en quel- » que manière, la *Vérité*, afin de la faire

» goûter à ceux qui, ſans cette précaution, » l'auroient peut-être rejetée. «

» Ce ſont de Sages Médecins, qui dé» guiſent les remèdes à des enfans malades, » afin de les engager à les prendre? «

» Préciſément! Ajoutez à cela, qu'à la » faveur de cette enveloppe, les Philoſophes » ſe ſont ſouvent ſouſtraits aux perſécutions » de ces bons Chrétiens, qui ne cherchent » qu'à perdre tous ceux qui oſent s'élever » contre leurs opinions inſenſées & deſpo» tiques. «

» Je vois, avec plaiſir, que les Philoſo» phes n'oublient pas leurs intérêts; mais, » Monſieur, n'eſt-il point à craindre, que » la *Vérité* ne perce juſqu'à ce *Vulgaire*, » qu'il eſt bon, de votre aveu même, de » laiſſer croire à l'Enfer & au Paradis? «

Cette Queſtion étoit épineuſe. (Il me ſemble, en effet, Monſieur, que le *Peuple* pourroit être, enfin, ſéduit par quelques lueurs philoſophiques, faciles à entrevoir, dans ce torrent de lumière que la *Philoſophie* verſe depuis quelque tems.) Je répondis hardiment; ——— qu'après avoir tiré la Vérité du fond du puits, un Philosophe peut seccomber à la tentation de la faire connoitre ; —— qu'en cédant à la passion de la *Vérité*, qui le maîtrise, il ne court pas un grand risque, parce qu'il raisonne, & que le raisonnement n'est pas dangereux, lui, qui ne fit jamais ni enthousiaste, ni sectaire ; —— qu'il n'est pas à craindre que l'esprit du Peuple se moûle jamais sur celui des Philosophes, trop au-dessus de sa portée ; qu'il en est, à cet égard, comme de ces instrumens à sons gráves & bas, qui ne peuvent monter aux sons aigus & perçans de plusieurs autres, ou, comme d'une Basse-taille, qui ne peut s'élever aux sons de la Haute-Contre ; —— qu'enfin le Peuple ne lit point de Livres Philosophiques ; que si, par hazard, il en tombe entre ses mains, il n'y comprend rien, ou, s'il y comprend quelque chose, il n'en croit pas un mot, & traitant, sans façon, de fous, les Philosophes, comme les Poetes, il les juge également dignes des petites-maisons.

» Mais, Monsieur « me dit Madame *Hé-*

bert » la ſeule poſſibilité, que le Peuple ſoit » enfin détrompé ſur l'Enfer & le Paradis, » ne devroit-elle pas engager les Philoſo- » phes à ſe taire ? Ce frein une fois ôté » au vice.... «

» Eh, Madame ! Tranquilliſez-vous. Il » n'eſt pas ſi néceſſaire que vous pourriez » croire, de multiplier les motifs réprimans. » Un Philoſophe prétend que, calcul fait, » *les vices des particuliers contribuent au bien* » *du Public.* «

» Au bien du Public ? ... «

» Oui, Madame ! Je me rappelle, par » exemple, qu'il remarque que l'yvrogne- » rie, qui paſſe pour un très-grand vice, » augmente une des principales branches des » Revenus de *Sa Majeſté* ; qu'elle donne du » profit aux Laboureurs, aux Cabaretiers, » aux Marchands de houblon, aux Forge- » rons, &c. Il obſerve auſſi, que la proſ- » titution eſt utile à la Société, parce qu'une » pauvre fille, qui n'auroit pas ſix ſchelings » à dépenſer par jour, ſi elle avoit une » conduite réglée, n'a pas plutôt le bon- » heur d'être la Maîtreſſe d'un homme riche,

» qu'il lui faut une Blanchisseuse, une Femme-de-chambre, un Marchand d'étoffes, au grand avantage de la Ville où elle demeure. Ce Philosophe va plus loin encore.... «

» Et que prétend-il de plus? «

» Il montre, qu'un Voleur de grand chemin a aussi son utilité, en ce que, pour un homme qu'il dépouille, il contribue à la subsistance de vingt autres; &, lorsque sa mauvaise heure est venue, une pauvre famille peut être soulagée par une cinquantaine de *pièces*, dont le défunt s'étoit fait la rente. «

» Plaisanterie que tout cela! Les noms seuls d'*yvrognerie*, de *prostitution*, de *vol*, présentent à l'esprit une foule de maux! «

» Très-bien, Madame! Les *noms*! Mais qui est-ce qui s'en sert? Le petit-peuple. Dans ce Siècle, les gens bien élevés ne disent pas, grossièrement, un yvrogne, mais, *un bon compagnon*; une prostituée, mais, *une fille qui est en liaison*; un voleur, mais, *un homme qui en est aux ressources*; un adultère, mais, *un homme qui*

» *eſt bien avec Madame* ; un blaſphémateur, » mais, *un homme à ſaillies.* Ces façons de » parler, en uſage parmi les gens qui ſavent » vivre, ôtent aux Vices une partie de la » laideur que le préjugé leur attache... Au » reſte, Madame, tout cela n'eſt pas » d'une évidence...... «

» Je le ſens bien ! Mais, Monſieur ; le » *Philoſophe*, dont vous me parlez, n'approuve » pas, ſans doute, que l'on pende les Vo- » leurs, puiſque leurs vices tournent à l'a- » vantage de la Société ? «

» Il ſe contente de montrer le bien qu'ils » font au Public, ne niant point qu'il n'en » puiſſe réſulter quelquefois du mal pour » eux-mêmes. «

» Mais ſi un Voleur prouvoit à ſon Ju- » ge, qu'il a contribué, par ſes vols, au » bien du Public ?

» S'il avoit affaire à un *Juge-Philoſophe* » il ſeroit, au moins, écouté ; & ce Juge » ne l'enverroit au ſupplice, en le plaignant, » que par la même raiſon qui fait tuer les » chiens enragés & écraſer les ſerpens. Mais,

» encore une fois, Madame, tout cela est
» problématique. «

» Et bien, n'en parlons plus. Dites-moi,
» seulement, avant que je vous quitte, si
» de nos Conversations il ne résulte pas,
» que nous sommes les Maîtres absolus de
» nous-mêmes ? Cette indépendance seroit,
» en vérité, fort commode ! «

Au ton dont ces derniers mots avoient été prononcés, je vis, qu'il n'y avoit point d'ironie, & qu'ils étoient sortis de l'abondance du cœur. J'en fus d'autant plus charmé qu'il ne m'auroit pas convenu de tirer moi-même, cette conséquence; aussi, fus-je tenté, d'abord, de feindre de n'avoir pas entendu Madame *Hébert*; je pris cependant le parti de lui dire, mais du ton d'un homme qui n'y auroit mis aucun intérêt particulier » Oui, Madame; c'est le Service
» essentiel que l'on doit à la *Philosophie*. Elle
» rend l'homme à lui-même, à son instinct,
» à ses penchans; elle élargit l'étroite en-
» ceinte de notre bien-être, que de glacés
» Moralistes prennent à tâche de rétrécir;
» elle nous invite à nous laisser aller dou-

» cement aux impulſions de la nature ; elle » ſème les roſes ſur nos pas & nous apprend à les cueillir ; elle nous débarraſſe » de ces triſtes remords, fruits amers d'une » éducation mal-entendue ; elle nous délivre de toute inquiétude d'eſprit, ne nous » laiſſant que celles du corps, plus aiſées » à ſatisfaire ; en un mot, elle nous rend » indépendans & heureux pendant les quatre » jours que nous paſſons dans ce monde. «

» Ce ſervice eſt, comme vous dites, eſſentiel ; mais, cela étant, Monſieur, je » ſuis bien ſurpriſe que le nombre des Philoſophes ne ſoit pas plus conſidérable. «

» Plus conſidérable ! Savez-vous, Madame, qu'il eſt prodigieux ! Il n'y a pas un » Café, pas un Spectacle, pas un Bal, pas » une Cotterie, au moins, de ce qu'on » appelle *Gens-du-Monde*, où l'on ne trouve dix, vingt, trente Philoſophes, de » l'un & de l'autre ſexe, plus ou moins, » en proportion de l'aſſemblée ! La Philoſophie a déja fait de tels progrès que ſi, » dans une compagnie d'honnêtes-gens, » quelqu'un tenoit un propos qui fit ſoup-

» çonner, qu'il croit à la ſpiritualité de » l'ame, à une Providence, à l'Enfer, au » Paradis, ou à telles autres chimères reli- » gieuſes, il ſeroit ſi fort hué, qu'il n'oſe- » roit pas reparoître. Vous vites ce qui ar- » riva, il n'y a que quelques jours, au » gros Monſieur *Dimſdall?* Il faut convenir » qu'il fit une triſte figure, avec ſa croyance » à ce qu'il appelloit le *Gouvernement Moral* » *de Dieu.* «

» Il eſt vrai qu'il fut perſifflé d'une étrange » manière! «

» Moins encore qu'il ne méritoit. Pour- » quoi des gens de cette eſpèce, des Ours » mal-léchés, tout pétris de préjugés reli- » gieux, ont-ils le front de ſe montrer » dans la bonne compagnie? Que ne reſtent- » ils chez eux, ou, ne vont-ils à l'E- » gliſe? «

» Il me parut que les femmes même n'épar- » gnoient pas ce pauvre *Dimſdall?* «

» Il n'y eut que l'épaiſſe Madame *Offing* qui » prit ſon parti. Elle eſt, dit-on, très-bonne » *Chrétienne*; &, en vérité, elle a tous les » organes requis pour l'ètre! Vous rap-

» pellez-vous comment elle fut couverte » d'épigrammes par Mesdames *Ellis* & *Sels-* » *bury*? Voilà des femmes taillées pour la » *Philosophie*! Ce ne sont cependant que de » simples Bourgeoises.... «

» Est-ce que parmi les Nobles?... «

» Parmi les Nobles, un homme, ou, une » femme, qui croit à l'Evangile, est un » animal si rare qu'on se le montre par cu- » riosité. C'est-là, Madame, que la Philo- » sophie est sur le Thrône! Et de quelle » aisance, de quelle liberté, de quels agré- » mens n'y est-elle pas la source! Quelle » douce indépendance! Quels délicieux ar- » rangemens entre les femmes & les maris! » La nature y jouit de tous ses droits; le » préjugé ne lui dispute aucun de ses plai- » sirs; l'impertinent remords ne les altère » jamais. Quel parti l'on y tire du présent! » Quelle tranquillité sur cet avenir, l'effroi » des ames vulgaires! «

Quoique Madame *Hébert* parût m'écouter avec complaisance, je ne crus pas devoir insister plus long-tems là-dessus. » Mais « lui dis-je » pour revenir à votre question, vous

» ſaurez, Madame, que le *Chriſtianiſme* compte
» parmi ſes déſerteurs, & la *Philoſophie*,
» parmi ſes conquêtes, preſque tous les
» Poëtes & les Faiſeurs de Romans; & je
» n'en ſuis point étonné; ils ont plus d'ap-
» titude que les autres Ecrivains à l'Incré-
» dulité & à la Philoſophie. «

» Et d'où leur vient cette aptitude? «

» D'abord, Madame; la fiction étant,
» pour-ainſi-dire, leur élément, ils s'habi-
» tuent à diſtinguer, du premier coup-d'œil,
» la Vérité, de la Fable; comme un Bi-
» joutier ſépare, à l'inſtant même, un
» *Diamant* d'un *Stras*. De plus; les Poëtes
» & les Romanciers, accoutumés aux tour-
» nures élégantes & harmonieuſes, ſont
» révoltés par le ſtile populaire & ſans orne-
» mens de la Sainte-Bible. Cela ſeul ne peut
» que leur ôter toute croyance à l'inſpira-
» tion de ſes Auteurs! «

» Quoi, Monſieur! le manque d'orne-
» mens.... «

» Oui, Madame! Nous n'avons pas un
» Diſcours Académique, dont le ſtile ne
» ſoit

» ſoit plus coulant, plus gracieux, plus » arrondi.... «

» J'ai ſouvent entendu citer ce mot, *Que* » *la lumière ſoit, & la lumière fut!* «

» Je le ſais, Madame; mais je puis vous » aſſurer, d'après un grand Connoiſſeur en » ce genre, que ce mot même eſt plus in- » ſipide qu'il ne paroît d'abord. Mais que » nous importe! Quant à ces Savans que » l'on appelle *Géomètres*, *Logiciens*, *Méta-* » *phyſiciens*, & qui ne ſont que cela, ſi le » Chriſtianiſme en compte pluſieurs parmi » ſes Diſciples, cela vient de ce que les » Sciences qu'ils cultivent, ont quelque » choſe de ſombre & de ſauvage, qui s'a- » malgame très-bien avec l'auſtérité de la » Morale Evangélique.... Et ce n'eſt pas » un grand mal que ces Etres-là ſoient » Chrétiens.... «

» Pourquoi donc, je vous prie? «

» Parce que, s'ils s'aviſoient de vouloir » attaquer le Chriſtianiſme, ils ne manque- » roient pas de ſe ſervir de la Méthode » ſçientifique & pédanteſque, à laquelle ils

» ſont habitués. Ce ſeroient des *Argumens*
» *en forme*, des *Prémiſſes*, des *Conſéquences*,
» & tout le barbare attirail de la *Logique* des
» Collèges. Qu'attendre de Gens qui com-
» battroient avec des armes de cette trempe !
» Ils nous faut du léger, du badin......
» Mais je m'apperçois, Madame, que je
» me laiſſe entraîner au plaiſir de m'entretenir
» avec vous ; demain, nous reprendrons
» cette converſation, ſi vous le jugés à-
» propos. « Elle y conſentit ; & nous nous
» ſéparames.

Ici, Monſieur, je crus pouvoir mettre fin à mon Cours de *Philoſophie*. Que pouvoit-il me reſter d'important à enſeigner à mon Ecolière, après lui avoir appris, que *l'ame de l'homme eſt de la pâte de celle des bêtes*; qu'*il n'y a point de liberté*; qu'*il n'y a, en ſoi, ni vice ni vertu*; que *l'intérêt perſonnel eſt, & ne peut qu'être, le principe de nos actions*; que *nous ne pouvons pas vaincre nos paſſions*; que *les remors ſont le fruit des préjugés*; que *s'il y a un Dieu, il n'eſt rien par rapport à l'homme, puiſqu'il ne ſe mêle point de ce qui ſe paſſe dans ce monde* ; qu'*il n'y a ni peines ni récompenſes après la mort.* Il me ſemble, que c'eſt-là tout l'Evangile, ou, du moins, le Symbole des *Philoſophes* modernes. Si ces grandes Vérités ne briſent pas toutes les chaînes, auſſi honteuſes qu'importunes, dont on a eu la barbarie de charger l'homme, il reſtera éternellement eſclave, & ſera digne de l'être !

Je me contentai donc, pendant quelque tems, de faire repaſſer à Madame *Hébert* mes leçons ſur ces Articles fondamentaux de la *Foi Philoſophique*, afin de les bien imprimer dans ſa tète, & de l'apprivoiſer avec quelques-unes de leurs Conſéquences, que ſes anciens préjugés repouſſoient, quelquefois, en dépit d'elle-même. Je mis entre ſes mains tous les ſublimes Ouvrages où j'avois pris les leçons que je lui avois données ; elle les lut avec avidité ; & ils achevèrent de faire d'elle un parfait *Philoſophe.*

Vous êtes, ſans doute, impatient d'apprendre les effets de la *Philoſophie* ſur ma belle Ecolière, rélativement a mes petits intérêts; je vais vous fatisfaire. Quelle révolution dans tout fon être, à mefure que la *Philofophie* arrachoit l'yvraie, femoit le bon grain dans les Sillons occupés par la mauvaife herbe, & diffipoit ces fantômes de *Vertu*, de *Sageffe*, forgés par une Education évangélique! C'étoit, à la lettre, une création. Je vis fe dénouer, nœud-à-nœud, tous les liens qui l'attachoient à ce qu'elle avoit cru être *fes devoirs*, dès-qu'elle eut fenti, que ces prétendus *devoirs* ne tenoient qu'à des conventions arbitraires; que l'intérêt perfonnel devoit en être l'unique régle; & que Dieu, s'il exifte, ne fe formalife point de ce que nous faifons ici-bas. Sa vie ne fut plus une langoureufe végétation, mais une vraie exiftence. Le goût de ces triftes détails domeftiques, qui avoient faits fes inconcevables délices, s'éteignit infenfiblement. Le tems qu'elle donnoit à ces minucies, & à fon fils, qui étoit, mauffadement, toujours à fes côtés, fut confacré à la toilette, au bal, au jeu, aux ſpectacles, aux petits-ſoupés. Elle commença par bâiller dans la ſociété de ſes amies, les *braves femmes*; bientôt, excédée, elle rompit totalement avec elles. Certaines beautés, que la nature lui a prodiguées, furent, peu-à-peu, moins dérobées aux regards; & l'œil put s'y arrêter, ſans que la rougeur ſur le front lui en fit ſottement un reproche. Elle ſourit à ces propos que la bigoterie appelle *indécens*, & qui ne ſont que *badins* & *gais*. Elle dépoſa, quoiqu'avec une lenteur qui me déſeſpéroit, cette ſévérité d'inſtitution, qui ne ſert qu'à tourmenter celle qui l'exerce & celui qui en eſt l'objet. Elle ſe permit ces légères faveurs, ſi précieuſes parce qu'elles en promettent de plus grandes. La Vertu ne fut plus pour elle que ce qu'elle devoit être, un *mot*, dont il falloit ſavoir n'être jamais la dupe. Elle en vint au point d'avoir pour l'opinion publique un courageux mépris, lorſqu'elle exige la réſiſtance aux penchans de la nature. Ce fut par ces gradations inſenſibles qu'arriva l'heure ſi long-temps déſirée...... Quel jour de triomphe pour la *Philoſophie* ! C'eſt à vous, Monſieur, que je dois les myrtes & les lauriers dont ma tête eſt couronnée !

Je ſuis, &c.

DIXIEME LETTRE.

J'Avois craint, Monſieur, qu'après ma victoire, Madame *Hébert* ne ſaiſit le but de mes Leçons de *Philoſophie*, & que, malgré l'évidence des Vérités que je lui avois enſeignées, le préjugé ſe réveillant, elle ne ſe reprochât ſon propre bonheur & le mien. Mes craintes furent bientôt diſſipées. Six Semaines s'écoulèrent, ſans qu'elle écoutât d'autre voix que celle de la nature; je vis même, que le plaiſir renforçoit ſes nouveaux *Principes*, & les naturaliſoit, en quelque manière, dans ſa tête.

Une ſeule choſe nous inquiéta pendant quelques jours; ce fut l'idée du retour d'*Hébert*, qui n'étoit plus le *tendre Epoux*, le *cher Mari*, mais, le *bon-homme*. » Quel » ſupplice « me diſoit-elle, un jour » que » de feindre des ſentimens qui ne ſont plus » dans le cœur! Quelle violence il faudra » me faire pour cacher ceux que vous m'avez » inſpirés! Si, du-moins, nous pouvions » nous flatter de faire goûter au *bon-homme* le

» genre de vie que nous menons ! Mais le
» préjugé eſt bien autrement enraciné dans
» ſa tête qu'il ne l'étoit dans la mienne.
» Non, jamais on ne l'en arrachera! Fuyons,
» mon cher *Torman*, avant qu'il arrive.
» Allons dans quelque pays éloigné nous
» livrer aux penchans de la nature, ſeule
» ſource du véritable bonheur ! «

J'ai oublié de vous dire, Monſieur, que, par un événement, qu'il ſeroit trop long de vous raconter, Madame, *Hébert* s'étoit convaincue, qu'il n'y avoit pas un mot de vrai dans tout ce que *Dinhop* lui avoit dit, & que ſon Mari étoit, à *Naples*, tout entier à ſon commerce ; mais j'avois ſi bien pris mes meſures qu'elle ne croyoit pas que j'euſſe la moindre part au tour qu'on avoit voulu lui jouer.

Dans les premiers tranſports de la paſſion, je n'aurois peut-être pas balancé d'accepter le parti qu'elle me propoſoit ; mais, heureuſement, n'étant plus dans l'yvreſſe, & n'ignorant pas qu'une paſſion n'eſt jamais que plus ou moins longue ; qu'il n'en eſt d'éternelles que dans l'imagination & les promeſſes des amans ; que nous ne tenons de la nature qu'une certaine portion de ſentiment & de forces à dépenſer avec une femme ; que le dégoût naît infailliblement de l'habitude ; je me gardai bien de ſouſcrire à un enlèvement, qui pouvoit me jeter dans le plus grand embarras. Que faire de Madame *Hébert*, lorſque l'ennui de la conſtance nous auroit gagné l'un ou l'autre ?... D'ailleurs, le pauvre Mari me faiſoit une ſorte de compaſſion. Autant valoit l'enterrer, que de lui enlever ſa très-chère Epouſe ! Il y avoit plus de charité à tâcher de lui faire adopter notre façon de penſer & de vivre.

C'eſt ce que je dis à Madame *Hébert*. » La choſe « ajoutai-je » eſt difficile, mais » elle n'eſt pas abſolument impoſſible. Notre » Ami *Hébert* a pourtant une ſorte de ſens, » dont on peut tirer parti. Eſſayons, du » moins, Madame ; mais ne l'effarouchons » pas, en bruſquant l'affaire. Avec de la » patience, nous dérouillerons peut-être les » Organes auxquels tient ſon intelligence. » Quel triomphe, ſi d'un Cerveau auſſi

» ingrat nous formions celui d'un *Phi-*
» *losophe* ! «

» Je n'ai pas la foi à cette métamorphose « me dit Madame *Hébert* » mais, puisque vous » avez le courage de l'entreprendre, je se» conderai vos efforts. Je me faisois, d'ail» leurs, quelque peine de laisser mon fils » entre les mains d'un Père, qui ne man» queroit pas de le former sur son triste » modèle. Cet enfant promet beaucoup ; ce » seroit dommage qu'une Education Chré» tienne pervertit les dons de la Nature ! » Cependant cette raison ne m'arrètera pas, » si nous ne venons pas à bout de décrasser » le *bon-homme*. Vous m'avez dit plus d'une» fois, mon cher *Torman*, & j'en suis très» convaincue, que la voix du plaisir doit » être le grand Oracle du *Philosophe*. «

» Sans doute, Madame ! mais le plaisir » est plus piquant lorqu'il est pris à la déro» bée. On se lasse vite de ce qu'on se pro» cure avec trop de facilité. Vous verrez » que le parti que je vous propose n'est pas » d'un Sot ; fiez-vous en à ma parole. «

Il fut arrèté, que nous tenterions le miracle de la Converſion du Mari. Nous nous amuſames beaucoup de l'idée, qu'un jour nous le verrions *homme du monde*, *hommme eſſentiel*, faiſant la réputation de toutes les belles, qui ſeroient honorées de ſes regards, & favoriſées de ſes complaiſances. » Qui ſait « me diſoit Madame *Hébert* » » ſi je n'aſpirerai point, moi-mème, à cet » honneur, & ſi je ne me verrai pas en» chaînée à ſon char de triomphe ! Il ſeroit » plaiſant, qu'il fût, un jour, votre Rival, » & un Rival préféré ! Tranquilliſez-vous » cependant ; il tient à la Bible par une » chaîne ſi forte, que je doute que tous les » Philoſophes du monde vinſſent à-bout de » la rompre. «

Malgré le peu d'apparence du ſuccès, nous nous arrangeames ſur la marche que nous ſuivrions avec *Hébert*, pour le tirer de la fange des préjugés, & l'introduire dans le Sanctuaire de la *Philoſophie*. Nous convinmes, que nous chercherions d'abord à lui faire perdre le goût de cette vie domeſtique, ſi platte & ſi ennuieuſe, dont il avoit toujours fait ſes plus grands plaiſirs ; —— Que nous tiendrions éloignés de lui tous les *Croyans à l'Evangile*, qui pourroient empêcher le ſuccès de notre tentative; —— Que nous lui ferions propoſer fréquemment des parties de plaiſir, & cela, de façon qu'il n'oſât pas les refuſer; —— Que quelqu'une des Amies de Madame *Hébert*, auſſi Philoſophe qu'elle, inſtruite de notre projet, s'amuſeroit à tendre des piéges à ſa fidélité conjugale; —— Que, dans les parties de plaiſir, nous aurions ſoin de faire lâcher de bonnes plaiſanteries ſur la Religion, & quelques Objections des plus embarraſſantes; —— Que, dans le particulier, feignant d'avoir été frappés de ces Objections, nous l'inviterions à diſſiper les doutes cruels qu'elles auroient faits naître dans notre ame; —— Que nous lui en propoſerions d'autres, que celles-là auroient occaſionnées; —— Que nous accoutumerions inſenſiblement ſes regards aux rayons de la *Vérité*, juſqu'à-ce qu'ils puſſent en ſoutenir tout l'éclat. —— Vous noterez, Monſieur, que je fis de manière que Madame *Hébert* eût tout l'honneur de ce Plan, afin qu'elle ne reconnût pas, que c'étoit le même que j'avois ſuivi avec elle.

Hélas, Monſieur! Le pauvre *Hébert* étoit enſeveli, dans le tems que nous nous occupions de ſa future métamorphoſe. Sa femme reçut, par le même Courier, la nouvelle de ſa maladie & de ſa mort. L'Ami de la maiſon qui lui en faiſoit part, écrivoit, qu'il avoit reçu une lettre, étant à table; qu'il s'étoit levé ſur le champ, avec l'air d'un homme vivement affecté de ce qu'il venoit d'apprendre; qu'il n'avoit confié ſon chagrin à perſonne; que, le lendemain, il avoit eu une fièvre violente; que dans les redoublemens on l'entendoit dire, *Perfide Ami!* & que la maladie avoit fait des progrès ſi rapides, qu'il avoit expiré, le cinquième jour.

Je craignis que Madame *Hébert* ne fût d'autant plus affectée de cette nouvelle, qu'il étoit viſible, que quelqu'un avoit eu la cruelle charité d'inſtruire ſon mari de ce qui ſe paſſoit dans ſa maiſon, & que c'étoit-là ce qui avoit cauſé la mort de cet imbécille. Mais, Monſieur, mes Leçons l'avoient tellement prémunie contre les événemens & les remords, que, quelques jours après la réception de la nouvelle, elle plaisanta sur la transmutation d'*Hébert* en Ange, & le félicita de son heureuse arrivée en paradis. J'étois dans l'admiration, m'applaudissant fort, moi-même, d'avoir donné un tel disciple à la *Philosophie.*

Je ne dois pas oublier de vous dire, que l'homme au triple menton, le grâve & ennuieux *Sidman*, qui ne s'étoit pas montré depuis quelques mois, crut devoir à Madame *Hébert* une visite de condoléance sur la mort de son Mari. De crainte de perdre le sérieux convenable, en contemplant la lugubre face de cet homme-d'Eglise, & en le voyant défiler le long chapelet de ses consolations évangéliques, Madame *Hébert* se mit dans l'attitude d'une personne profondément livrée à sa douleur; ses deux coudes étoient appuyés sur ses genoux; ses deux mains couvroient son visage, de façon qu'elle ne voyoit *Sidman* qu'au travers de ses doigts. Elle ne proféra pas une parole, pendant le mortel quart-d'heure que dura le panégyrique du Défunt ; mais elle me dit, que ſi la Scène avoit été tant ſoit peu plus longue, l'Oraiſon funèbre du cher Mari auroit été terminée par de violens éclats de rire.

Après quinze jours, paſſés à recevoir de triſtes viſites, & à nous dédommager, dans le particulier, de l'ennui qu'elles nous cauſoient, Madame *Hébert* fut attaquée d'une dangereuſe maladie.

Quelque fortement que paruſſent gravés dans ſon cerveau les principes de la *Philoſophie*, ſes anciens préjugés religieux, que je croyois morts, reprirent une ſorte de vie, & je joignant à ſes douleurs, la tinrent, pour-ainſi-dire, ſur la roue. C'étoit une agitation continuelle, de profonds ſoupirs, des mouvemens convulſifs, qui redoubloient toujours à mon approche, & qui étoient accompagnés d'exclamations, ou plutôt, de cris perçans, qui annonçoient les plus vifs remords ſur ſa conduite envers ſon Mari.

Vous comprenez bien, Monſieur, que je n'en fus point allarmé. La *Philoſophie* explique, par un pur méchaniſme, toutes les révolutions qui ſe font quelquefois d'un moment à l'autre, dans les ſyſtèmes, les opinions, & les jugemens des hommes. » Souvent « nous dit-elle » en dépit de tout » raiſonnement, des diſpoſitions momentanées nous ramènent aux préjugés de l'enfance, dont, dans d'autres occaſions, nous » paroiſſions complettement détrompés. Ces » changemens ſont ſurtout très-marqués dans » les maladies & aux approches de la mort; » le baromètre de l'entendement eſt alors » ſouvent obligé de baiſſer; des chimères » que l'on mépriſoit, ou que l'on mettoit » à leur juſte valeur, dans l'état de ſanté, » ſe réaliſent; on tremble, parce que la » machine eſt affoiblie; on déraiſonne, parce que le Cerveau eſt détraqué. « Tranquille donc, à cet égard, je me contentai de me montrer rarement à Madame *Hébert*, & d'empêcher qu'on ne lui amenât, comme elle le demandoit, quelque Eccléſiaſtique, qui, parlant de concert avec ſes anciens préjugés, auroit augmenté ſes angoiſſes.

Lorſque la fièvre eut conſidérablement diminué, je crus que, le jeu de la machine

ſe

ſe rétabliſſant, les remords ſeroient éteints. Point du tout ! Ce ne fut qu'après l'entier raffermiſſement de la ſanté, après des plaiſanteries ſans fin, & de fréquentes parties de plaiſir, que Madame *Hébert* fut rendue à la *Philoſophie.* Elle convînt alors de l'abſurdité de ſes procédés à mon égard, dont elle accuſa le dérangement des organes.

Elle me dit encore, en rougiſſant, qu'elle avoit été tourmentée par la crainte de la mort; elle me fit des reproches ſur ce que, dans aucun de nos Entretiens, je ne l'avois prémunie contre cette crainte; elle me pria de réparer ma faute, en lui apprenant, quels étoient, ſur ce point capital, les conſeils & les ſecours des *Philoſophes.*

Je lui répondis que, ſur ce qui rend la mort ſi redoutable au Vulgaire, c'eſt-à-dire, ſur les ſuites de la mort, je croyois l'avoir bien tranquilliſée, en la déſabuſant ſur tout ce que l'on dit d'une vie à venir & de ce lieu de tourmens dont on fait peur à la multitude. J'ajoutai que, par rapport à la mort même, il y a du machinal dans la crainte qu'elle inſpire; que, cependant, la

Philoſophie fournit des conſidérations ſi puiſſantes, qu'elle diminue beaucoup cette crainte, ſi elle ne la diſſipe pas entièrement; qu'en particulier elle nous dit —— que la mort de chaque homme eſt une pièce de l'ordre de l'Univers, une pièce de la vie du monde; qu'elle eſt la condition de notre création; —— que, qui a vécu un jour a tout vu; qu'il n'y a point d'autre Soleil & d'autre Lune; —— qu'il eſt juſte de faire place aux autres, comme d'autres nous l'ont faite; que ſi la compagnie nous ſoulage, mille hommes, mille animaux meurent dans le même inſtant où nous mourons; —— qu'il eſt ridicule de craindre le dernier jour, puiſqu'il ne contribue pas plus à notre mort que chacun des autres; que tous les jours vont à la mort, & que le dernier y arrive; —— que la mort n'eſt qu'une privation d'air, qui fait ceſſer tout mouvement, toute chaleur, tout ſentiment; qu'elle n'eſt rien de poſitif; qu'elle n'eſt que ce qu'eſt le zéro dans l'arithmétique, qui ne compte point par lui-même; —— que la *faulx de la mort* eſt une chimère poëtique; que la mort n'eſt point armée d'un instrument tranchant ; qu'elle ne fait que passer au col des mourans un nœud coulant, qui serre moins qu'il n'agit avec une douceur narcotique ; que c'est l'opium de la mort ; que tout le sang en est enyvré ; & qu'on se sent mourir, comme on se sent dormir ou tomber en foiblesse, non sans quelque volupté ; —— qu'on risque beaucoup à vivre, & rien à mourir ; qu'après la mort, plus de soins, plus d'embarras, plus de personnage à représenter ; que *la farce est jouée* ; comme la dit un plaisant ; —— que l'homme ne redoute la mort, que parce que son imagination lui peint son convois, ce tombeau que l'on creuse pour lui ; & qu'il se persuade que ces objets hideux l'affecteront, même après son trépas, aussi péniblement que dans l'état actuel où il jouit de ses sens ; —— qu'il y a de l'orgueil à prétendre exister toujours, puisque, comme l'a très-bien observé un de nos grands Ecrivains, nous voyons dans ces *Cométes excentriques* qui viennent étonner nos regards, que les *Planétes* elles-mêmes sont sujettes à la mort.

(J'expliquai à Madame *Hébert* ce que c'étoit que ces *Comètes excentriques*, qui fournissoient ce puissant motif de consolation.) —— que s'il est, enfin, quelques regrets raisonnables à donner, modérément, à soi-même, quand il faudra, pour-ainsi-dire, se quitter, il faut les adoucir encore, en jetant des fleurs sur nos derniers pas & presque sur notre tombeau; que ces fleurs doivent être la gaieté, le souvenir de nos plaisirs, la conversation des personnes aimables, des lectures amusantes, & tout ce qui peut nous faire sortir de ce monde, comme d'un spectacle enchanteur.

Madame *Hébert* m'écouta très-attentivement, mais elle me parut peu frappée de toutes ces Considérations philosophiques. » Qu'est-ce donc « lui dis-je » ne seriez-vous » pas satisfaite.... «

» Tout cela, Monsieur, n'est assurément » point à mépriser; mais cette perspective » du néant.... «

» Je ne vous ai pas dit que la *Philosophie* la » rendît agréable; mais, telle étant la nature » des choses, il faut savoir prendre galam-

» ment ſon parti. Penſez-vous, que le paſ-
» ſage de quelque choſe à rien, de la vie à
» la mort, diffère beaucoup de celui de rien
» à quelque choſe, du néant à la vie ?
» L'idée d'avoir été pendant des millions
» de ſiècles dans le *néant* vous affligea-t-elle
» jamais ? Pourquoi donc le retour au *néant*
» vous affligeroit-il ? Un ſommeil profond
» ſuffit pour nous en donner une idée vraie.
» Ne nous prive-t-il pas de tout ? Ne nous
» anéantit-il pas pour l'Univers ?.... Mais
» que parlai-je de *Néant* ! Les *Philoſophes*
» ont obſervé, que nous ſommes compoſés
» de matière & de forme, & que, ni l'une
» ni l'autre n'ayant été tirée du néant, elles ne
» ſeront jamais anéanties, mais elles ſeront
» changées en une autre partie de l'Univers,
» & enſuite en une autre, juſqu'à l'infini....
» Au reſte, Madame, l'eſſentiel eſt de met-
» tre à profit le plus d'inſtans poſſible de
» cette vie fugitive, de s'enfoncer, tête
» baiſſée, dans le goûfre de l'éternel oubli,
» ou plutôt de s'y laiſſer emporter par le
» tourbillon des plaiſirs. «

» Mais, ces plaiſirs mêmes qu'il faut
» quitter !... «

» Eh, Madame, plus on quitte, plus
» l'héroïſme eſt grand. Le dernier moment
» eſt la pierre-de-touche de la ſageſſe ;
» c'eſt dans le creuſet de la mort qu'il la
» faut éprouver. Mais, afin que la vôtre
» puiſſe ſoutenir cette épreuve, je vous
» remettrai les excellens *Ouvrages* qui m'ont
» fournis les Conſidérations que je vous ai
» expoſées. Je vous invite à les bien mé-
» diter ; & je ſuis convaincu que vous ſen-
» tirez, qu'on ne doit pas plus s'affliger de
» ſe voir mourir, que de voir la lâme uſer
» enfin le foureau, & qu'il y a de la pué-
» rilité à craindre ce qui doit inévitablement
» arriver. «

Le ſur-lendemain de cette Converſation, Madame *Hébert* me dit, qu'elle avoit ſi bien médité, ſuivant mon conſeil, les leçons de la *Philoſophie* ſur la *Mort*, qu'elle croyoit avoir appris, non ſeulement, à ne pas la craindre, mais encore à aller au-devant d'elle, ſi quelque violent chagrin la tourmentoit, ou, ſi elle ſe voyoit atteinte de quelque douloureuſe maladie.

Cela l'ayant conduite à me parler du *Sui-*

cide, je lui fis ſentir, que l'homme eſt le maître de ſa vie; qu'il peut diſpoſer de ſon bien; que c'eſt à lui à calculer ſes maux & ſes plaiſirs, & à ſe décider en conſéquence; qu'il ne doit rien à la Société, quand il n'en exige plus rien; &c. &c. » Ob-» ſervés « ajoutai-je » que les faits prouvent » que rien n'eſt plus propre que la *Philo-» ſophie* moderne à inſpirer à l'homme le » courage Romain d'abréger ſes jours, lorſ-» qu'il y eſt invité par l'ennui ou par le » malheur de vivre. Autrefois, on ne vo-» yoit guères que des fous ſe donner la » mort. Aujourd'hui, point de Papiers pu-» blics où il ne ſoit queſtion de gens qui, » en pleine raiſon & de ſang-froid, ſe ſont » coupés leſtement la gorge, ou jetés dans » la *Tamiſe*, ou caſſés la tète d'un coup de » piſtolet. J'ai fait une hiſtoire abrégée de » ceux qui ſe ſont diſtingués dans ce genre. » Il eſt bon de pouvoir mettre de tels exem-» ples devant ſes yeux, au cas qu'étant en-» nuyé de la vie, on n'ait pas le ſage cou-» rage d'en ſortir..... «

» Mais « me dit tout-à-coup Madame

Hébert » pour parler de choſes plus gaies ; » j'ai penſé qu'*Hébert* vous ayant cédé la » place, vous voudrez bien être ſon Succeſſeur, dès-que le tems qu'il faut donner à la bienſéance ſera écoulé. « Je cherchai d'abord à éluder cette propoſition ; mais, enfin, forcé de répondre, je hazardai de dire, que la liberté eſt le charme de l'amour, & l'eſclavage, ſon poiſon ; que le plaiſir ne ſouffre pas des chaînes, qu'elles l'étouffent ; que l'on a fait un très-grand mal à l'humanité, en garottant les deux Sexes de liens indiſſolubles ; que c'eſt un véritable attentat contre nature ; que les hommes, ne trouvant pas, ſans doute, qu'il y eût dans la vie aſſez de ſources d'ennui & de misères, en ouvrirent une toujours abondante, en imaginant les pénibles entrâves de l'hymen ; que je lui citerois cinquante exemples d'amour conjugal expiré, au bout de trois mois, pour un qui ſe ſera ſoutenu pendant deux années ; qu'un de mes Amis n'avoit rompu avec une très-jolie femme, que parce qu'étant ſon amant déclaré & reconnu, il jouoit un perſonnage qui approchoit trop de celui d'un *mari.* Puis, prenant, parmi les Livres de Madame *Hébert*, l'Ouvrage d'un de nos *Philoſophes*, dont elle m'avoit fait les plus grands éloges, je mis devant ſes yeux ce Tableau, bien propre à la réſoudre à un éternel concubinage. » Depuis dix ans *Hermogène* & *Junie*, maîtres » de leurs actions, vivent enſemble ſur le » pié d'époux, ſans tenir par d'autres liens » que ceux d'un amour conſtant. La poſſibilité d'une rupture les allarmant, ils » ſont toujours ſur leurs gardes ; il craint » de déplaire à *Junie*, elle d'offenſer *Hermogène* ; & de cette appréhenſion, que l'aſſurance d'être aimé tempère, naiſſent des » égards mutuels, des complaiſances & des » ſoins ; perpétuels alimens des tendres feux » qui les brûlent. Libres de ſe ſéparer, ils » n'en ſont que plus unis. Rien ne coûte » de ce qu'on fait volontairement ; mais le » plaiſir même eſt à charge lorſqu'il devient » un devoir. «

» Fort bien, Monſieur ! « me dit Madame *Hébert* » mais il n'y auroit qu'à nous promettre d'uſer de la plus grande liberté,

» de n'avoir pour Loi que le penchant du » cœur. Nous ne ferons, en cela, que » ſuivre la mode, puiſque, parmi les gens » qui penſent, la Bénédiction nuptiale n'eſt » qu'une cérémonie d'uſage, qui n'engage » à rien du tout. «

» Cela eſt vrai, Madame ; mais tout ce » qui a l'apparence d'un *joug* m'effraie ; le » ſeul nom de *Mari* me fait friſſonner ! La » liberté eſt le premier bien ; & la ſageſſe » veut que l'on écarte tout ce qui pour- » roit lui porter les plus légères atteintes. » Vous connoiſſez *Derford* ? Aſſurément, » il n'a que le titre de *mari* ; & bien, il » m'a dit cent-fois, qu'il donneroit la moi- » tié de ſa fortune pour ne pas l'avoir. Eh, » Madame ! Pourquoi courir des riſques, » lorſque, par-là, on n'ajoute rien à ſon » bonheur ? «

» Mais, Monſieur, il y a long-tems que » le Public tient des propos..... «

» Quoi, Madame ! Vous daignez penſer » au Public ? Je croyois que vous l'aviez » totalement perdu de vue ! Ignorez-vous, » que ſon mépris n'eſt pas plus un mal,

» que ſa louange n'eſt un bien? On dit, » *telle choſe fait honneur, telle autre n'en fait* » *point.* Honneur! Mot vuide de ſens! Je » voudrois bien ſavoir, ſi les idées que les » Indiens ont des Chinois, les Turcs des » Chrétiens, ceux-ci des Turcs, les tou- » chent & les mortifient? Pourquoi donc » ce qu'on dit, ou ce qu'on penſe de vous, » vous fait-il de la peine? Les Opinions » d'autrui ne ſont-elles pas auſſi étrangères » à votre être, que ce qu'un autre ſent, » eſt différent de ce que vous ſentez? Que » font à votre Amie Madame *Haſting*, dans » les bras de *Fletcher*, la pluie, la grèle & » les vents déchainés? Ils ajoutent à leur » félicité qui les brâve! «

» J'ai, ſouvent, Monſieur, porté envie à » l'intrépidité de Madame *Haſting*; c'eſt un » courage de Lion; mais quand je me dis, » que je ſuis miſe dans le rang des femmes » galantes..... «

» Des femmes galantes! On ne donne ce » nom qu'à celles qui vendent leurs charmes » au plus offrant; &, aſſurément, ce n'eſt » pas le cas! Mais, en ſuppoſant que l'on

» vous plaçât dans cet ordre de perſonnes ; » ſavez-vous, Madame, qu'à conſidérer la » choſe d'un œil philoſophe, on ne vous » feroit pas une injure auſſi grande que » vous l'imaginez ?... Vous riez ! & bien, » je vais vous faire voir, que je ne vous » parle que d'après nos *Maîtres* ! « J'allai prendre l'Ouvrage d'un nos *Auteurs*, qu'elle chérit par-deſſus tous les autres, & je lui lu cet ingénieux paragraphe.

» Le déſir de plaire, qui conduit la *femme* » *galante* chez le Rubanier, chez le Mar- » chand d'étoffes ou de modes, lui fait non- » ſeulement arracher une infinité d'Ouvriers » à l'indigence, mais lui inſpire encore les » actes de la Charité la plus éclairée..... » Ne ſont-ce pas les *femmes galantes* qui, » en excitant l'induſtrie des Artiſans du » Luxe, les rendent de jour en jour plus » utiles à l'Etat ? Les femmes ſages, en fai- » ſant des largeſſes à des Mendians, ſont » donc moins bien conſeillées par leurs Di- » recteurs, que les femmes galantes par le » déſir de plaire. Celles-ci nourriſſent des » Citoyens utiles ; & celles-là, des hommes

» inutiles, ou même, des ennemis de la » Nation. «

Madame *Hébert* céda, non pas ſans quelque peine, à l'Autorité du grand homme qui venoit de parler. Il fut décidé qu'il ne ſeroit plus queſtion de *mariage*. Notre vie continua d'être un enchaînement de plaiſirs, d'autant plus piqûans qu'ils étoient ſans entrâves. Mais, hélas, Monſieur! L'habitude amena la ſatiété & le dégoût. Madame *Hébert* perdit, à mes yeux, tous ſes charmes. Envain fis-je des efforts pour rallumer un feu auquel la paſſion ne fourniſſoit plus l'aliment néceſſaire! J'avois la ſottiſe de lutter contre la *nature*; il fallut mettre bas les armes.

Ce qui m'embarraſſoit, c'étoit la manière dont j'annoncerois à Madame *Hébert* la retraite que je méditois. Son penchant pour moi me paroiſſoit, à mon grand étonnement, preſqu'auſſi vif que jamais; & je me faiſois quelque peine de lui dire, qu'il falloit nous quitter. Mais je me trompois, Monſieur, ſur la ſituation de ſon cœur. Je vis, à n'en pouvoir douter, qu'un Ami, que j'avois introduit auprès d'elle, & ſur lequel j'étois ſans défiance, avoit eu le talent de me ſupplanter. Cette découverte humilia un peu mon amour-propre ; mais elle me mit fort à mon aiſe.

Un jour que nous étions tête-à-tête, je pris la contenance d'un homme qui a quelque grand chagrin. Madame *Hébert* me demanda, à pluſieurs repriſes, quelle étoit la cauſe de la triſteſſe dont elle voyoit que je ne pouvois me défendre ? Je lui dis, enfin, que je m'étois apperçu de ſon intrigue avec *Wilmot* ; & je lui fis les plus grands reproches de ſa conduite à mon égard. Elle me répondit, qu'il étoit vrai qu'elle n'avoit pu réſiſter au penchant que mon Ami lui avoit inſpiré. » Quant à vos » reproches « ajouta-t-elle » ils m'étonnent » fort ! Ne vous ſouvient-il pas que, dans » une de vos Leçons de *Philoſophie*, vous » m'apprites, que dire à quelqu'un, *N'ayez* » *pas telle ou telle paſſion*, c'eſt lui dire, » *N'ayez pas la fièvre* ? L'expérience m'a dé» montré ce dont vous aviez eu bien de la » peine à me convaincre. «

N'ayant rien à répliquer, je fis à Madame *Hébert* des excuſes de mon inconſéquence ; elle en plaiſanta d'abord ; puis, prenant un ton ſérieux, elle me dit, qu'elle s'étoit apperçue, depuis peu, qu'elle portoit dans ſon ſein un enfant dont j'étois le père ; que cette groſſeſſe la mettoit dans le plus grand embarras, parce qu'elle devoit ſe marier avec *Wilmot* ; qu'elle s'y étoit engagée, quoiqu'elle ſentit toute la force de mes raiſons contre le mariage ; & qu'elle me prioit de l'aider de mes conſeils, dans la poſition délicate où elle ſe rencontroit. Je lui demandai, ſi elle avoit employé certains remèdes, fort en uſage parmi les gens du monde ? Elle me répondit, que, d'après ce que la *Philoſophie* lui avoit appris ſur *l'intérêt perſonnel*, elle avoit vaincu ſa répugnance à ſe ſervir de ces remèdes, & qu'ils n'avoient rien opéré. » Cela étant « lui dis-je » puiſque le mariage ne vous effraye » pas, je vous conſeille de feindre un » voyage en *France*, ſous prétexte d'aller » voir un parent ; de vous retirer à quel» ques lieues de *Londres*, juſqu'à ce que

» vous ſoyez accouchée ; de vous dé-
» barraſſer du nouveau-né, en le faiſant
» porter à l'Hôpital des *Enfans trouvés* ; &
» de ne reparoître dans la Ville, que
» lorſque vous ſerez entièrement reta-
» blie. «

Madame *Hébert* goûta cet arrangement, prit ſes meſures en conſéquence, & partit, au grand regret de l'Ami *Wilmot*, qui ſoupiroit imbécillement après la Bénédiction Sacerdotale.

Deux mois après ſon départ, un Paſteur de *Buckingham* (Village où elle s'étoit retirée) m'écrivit qu'elle étoit morte, des ſuites d'une fauſſe-couche ; que, pendant ſa maladie, l'ayant fait appeller, elle lui avoit avoué, dans le plus grand détail, tout ce qui s'étoit paſſé entre nous ; qu'elle lui avoit témoigné les regrets les plus amers de ſa conduite, & que, malgré tout ce qu'il avoit pu lui dire pour rétablir le calme dans ſon ame, il l'avoit vue mourir dans des angoiſſes inexprimables. Il ajoutoit qu'elle avoit attribué tous ſes déſordres, aux *Principes*

Philoſophiques

Philoſophiques dont je l'avois *infectée.* (L'expreſſion eſt du Prêtre.) Il s'aviſoit de réfuter, &, en vérité, aſſez adroitement, les principales Objections, au moyen deſquelles j'avois opéré l'Apoſtaſie de Madame *Hébert.* Il diſoit, enfin, qu'elle l'avoit conjuré de m'exhorter fortement à rentrer en moi-même, à retourner à l'*Evangile*, à en pratiquer les Loix, ſi je ne voulois pas mourir, comme elle, dans le plus affreux déſeſpoir. Monſieur le Paſteur, ſe conformant aux déſirs de la bonne femme, ſe donnoit les airs de me ſermonner, mais avec moins d'âpreté que ces Meſſieurs n'en mettent ordinairement dans leurs Mercuriales.

Je me ſerois bien paſſé de cette triſte Miſſive. La ſombre peinture qu'y faiſoit cet Eccléſiaſtique, du prétendu trouble que j'avois porté dans la maiſon d'*Hébert*, & des ſuites funeſtes de ce qu'il appelloit ma *Séduction*, m'a donné du noir pendant quelque tems. Ce n'eſt qu'à force de me bien convaincre que je n'ai agi que *très-*

philosophiquement dans toute cette affaire, que je suis venu à bout d'étouffer je ne sais quel sentiment importun, qui ressembloit à ce que le Vulgaire appelle un *remords*.

Je suis, &c.

ONZIEME LETTRE.

DEpuis quelque tems, Monſieur, je ſuis à la Campagne, pour rétablir ma ſanté, aſſez altérée par les plaiſirs de la Ville. Accoutumé à une vie tumultueuſe, les premiers jours de ſolitude me parurent d'une longueur ſi accablante, qu'en dépit de mon *Eſculape*, j'étois ſur le point de retourner à *Londres*, lorſqu'un ſoir, en me promenant, cette Queſtion ſe préſenta à mon eſprit » Par » quelle fatalité le Chriſtianiſme ſe ſoutient-» il encore, malgré les coups que lui ont » portés, en particulier, depuis le com-» mencement du Siècle, tant d'Ecrivains, » diſtingués par les talens les plus rares ? » Comment la *Philoſophie* n'a-t-elle pas en-» core totalement diſſipé la Superſtition Evan-» gélique ? «

Frappé de cet étrange phénomêne, je me ſuis occupé à en découvrir les cauſes, & à chercher les moyens de couler à fond le Chriſtianiſme, & d'établir l'empire de la

Philosophie par toute la terre. Ce que j'ai écrit sur ce sujet n'est encore qu'une foible ébauche. Ne regardez, Monsieur, chaque Paragraphe, que comme un *Sommaire*, tant soit peu détaillé, des divers Chapitres d'un grand Ouvrage, auquel je travaillerai, dès-que j'aurai appris ce que vous pensés de cette *Esquisse*.

§. I.

Un de nos Amis (qui a publié, en Anglois, de sages Remarques, dont je ferai usage dans ce paragraphe) observe, que si, malgré la bonté de notre cause, le nombre, le zèle, l'habileté de nos défenseurs, & la foiblesse de nos adversaires, nos succés n'ont pas été, jusqu'ici, aussi grands qu'ils auroient pu l'être, il faut, d'abord, s'en prendre à ce que nous ne formons pas une *Société* régulière, qui procéde méthodiquement dans ses Opérations. Pour réussir dans de vastes projets, l'ordre est d'une nécessité absolue. Il faut que, parmi ceux qui les ont formés, les uns conseillent, & les autres écoutent, les uns commandent, & les autres obéiſſent. Les premiers doivent, ſur-tout, bien étudier le caractère & les talens de leurs Diſciples, afin de les employer en conſéquence. C'eſt la Régle que nous devrions ſuivre avec une ſcrupuleuſe exactitude. Pourquoi ne ferions-nous pas, pour les progrès de la Vérité, ce que tant de Sociétés ont fait pour ceux du Menſonge? Pourquoi nos Coryphées n'imiteroient-ils pas, à cet égard, le Général d'un certain *Ordre* (avec lequel nous avons plus de rapports qu'on ne l'imagine) qui, de concert avec quelques autres Chefs, faiſoit concourir, ſi merveilleuſement, tous les ſubalternes, au grand intérêt du Corps?

On dira, peut-être, que, notre Syſtème ſe bornant à détruire, nous avons moins beſoin d'ordre & de méthode, que de force & de courage. Je réponds, qu'il eſt un Art pour détruire, comme il en eſt un pour élever. A quoi ne s'expoſeroit pas celui qui, voulant démolir un édifice, commenceroit par ſapper les fondemens, & par renverſer les Arcs-boutans & les Pilliers? Nous aſſiégeons une Forteresse qui, depuis deux Siècles, tient ferme contre toute sorte d'ennemis. Elle abonde en munitions & en vivres ; & malheureusement, il ne paroît pas que nous puissions compter sur une trahison de la part de ceux qui commandent. Nos attaques doivent donc être autant dictées par la prudence que soutenues par le courage. Il faut que des têtes froides dirigent le Siège, & assignent à chaque Soldat son poste, suivant ce que l'on connoît de son savoir-faire. Tel, qui est incapable de conduire un détachement, pourra, ou porter une fascine, ou jeter une grenade, ou manier la bèche, tandis que ceux qui doivent couvrir le Siège, intercepteront les convois, préviendront les surprises, & empêcheront qu'on ne jette des secours dans la *Place*. Ce n'est que par-là que nous pourrons nous rendre maîtres d'une Citadelle, qui, certainement, n'a résisté à nos attaques, que parce qu'elles n'ont pas été faites dans les formes.

Nous avons, parmi nos partisans, un grand nombre de Jeunes-gens, très-aimables, pleins de zèle & de courage, mais qui, refusant de se laisser conduire, voulant jouer des rôles au-dessus de leurs forces, nuisent plus à nos intérêts qu'ils ne les favorisent. Ils parlent, lorsqu'un certain silence mystérieux seroit plus énergique que tout ce qu'ils peuvent dire. Ils attaquent, lorsqu'ils ne devroient que se défendre. Ils rient, lorsqu'il conviendroit de lever les épaules. Ils raisonnent, lorsqu'il faudroit rire. En un mot, ils ne savent point varier leurs propos, leur manière d'être, ni se camper suivant le tems, les lieux & les personnes. Je rends justice à leurs intentions & à leur zèle; mais je suis forcé de dire que, très-souvent, par trop de présomption, ou, par une ardeur inconsidérée, ils ont fait un mal infini à notre Cause.

Je voudrois donc, pour parer à ces inconvéniens, que nous formassions, dans chaque Ville, une *Société* régulière —— que nous prissions pour *Chefs* ceux qui se seroient distingués par des coups vigoureusement portés au Christianisme —— que ces Chefs ne permissent à qui que ce fût de parler en public, ou d'écrire contre la Religion, qu'après avoir été dûment immatriculé, & avoir fait connoître, dans un ou deux Examens, ses talens & le genre de services qu'il est le plus en état de rendre —— que les Chefs s'assemblassent, une fois par semaine, afin d'aviser à ce qu'il y auroit à faire pour le bien de la Confrérie —— qu'il y eût une Correspondance réglée entre les Chefs des différentes Villes, sur tout ce qui intéresseroit la Généralité.

Afin d'éviter la confusion, je voudrois encore, que les Chefs divisassent en 4 *Classes* ceux qui formeroient notre Hiérarchie Anti-Chrétienne. La première seroit celle des *Rieurs*. La seconde, celle des *Plaisans*. La troisième, celle des *Questionneurs*. La quatrième, celle des *Raisonneurs*. Je ne dirai, ici, qu'un mot, sur chacune de ces *Classes*.

1°. On ne demanderoit de ceux qui formeroient la première, que de rire, sourire, ou ricaner, suivant l'occasion; & l'on exigeroit qu'ils ne fissent jamais rien de plus. Pour être admis dans cette Classe, il ne seroit pas nécessaire de savoir lire & écrire; il suffiroit d'avoir une certaine fléxibilité dans les muscles du visage, & un degré, assez commun, de jugement & de hardiesse. Quelque facile que fût la fonction des *Rieurs*, ils pourroient cependant rendre des services essentiels. S'il arrivoit, par exemple, qu'à table, dans une Taverne, ou dans un Café, un de nos *Raisonneurs* (dont je parlerai bientôt) dans une dispute sur la Religion se trouvât embarrassé, un de nos *Rieurs* chercheroit à déconcerter l'Avocat du Christianisme, ou à renverser ses preuves, par des éclats de rire, plus ou moins forts, plus ou moins soutenus, suivant l'exigence du cas. J'ai vu de merveilleux effets de cette ruse de guerre.

2°. La Classe des *Plaisans* seroit composée de ceux qui aiant fait une ample provision de pointes, de quolibets, de bons-mots, d'anecdotes ecclésiastiques un peu gaillardes, seroient chargés de les placer à-propos, dégayer la conversation, ou de la détourner, lorsque, devenant trop profonde ou trop sérieuse, elle paroitroit ne devoir pas se terminer à notre avantage. Je sais que l'on dit communément *qu'un bon-mot ne prouve rien*; mais je pourrois démontrer, par cent exemples, que dans ce Siécle, en fait de *Religion*, on a grand tort de le dire.

3°. Dans une Sphère plus haute brilleroient les *Questionneurs*, dont l'office consisteroit à dérouter les Champions de l'Evangile, en les accablant de questions, sans leur donner le temps d'y répondre. Quelques jours avant mon départ de *Londres*, j'étois à table, dans une Auberge, avec un jeune Officier, d'une figure charmante. Il plaisantoit fort joliment sur l'Evangile, lorsqu'il fut interrompu par un Ecclésiastique, assis à côté de lui, en habit de Séculier. Revenu de de l'espèce de confusion que lui causa, au premier moment, l'air grâve & sourcilleux de ce Prètre, qui entamoit un raisonnement » Monsieur « lui dit-il » j'ignorois que vous fussiez » de l'Eglise; mais, puisque vous en êtes, « dites-moi, je vous prie, ce que vous pensés » d'Adam & d'Eve? N'est-il pas bien piquant » que nous aions tant à souffrir de leur gourmandise? Avez-vous une foi robuste au péché » originel? —— Le Docteur vouloit répondre, mais l'Officier l'interrompant » Pourriez-vous me dire « continua-t-il » dans

» quelle langue s'exprima l'Ane ou l'Aneſſe » de Balaam ? De quelle taille étoit pré» ciſément la Baleine, qui ne put digérer le « Prophète Jonas ? Docteur ! Vous feriez» vous accommodé du régime preſcrit au » Prophète Ezéchiel ? « —— Au moment où le Docteur ouvroit la bouche » Pardon, » Monſieur ! dites-moi, s'il vous plait, en » quelle eſpèce d'animal fut transformé Na» buchodonoſor ? Ne ſerois-ce point en Doc» teur de Sorbonne? Je ſuis curieux, de mon » naturel ; & je voudrois bien ſavoir ce que » vous penſés du Serpent qui ſéduiſit, avec » tant de fineſſe, la mère du ſot genre» humain ? N'étois-ce pas un Serpent à ſon» nettes ? « —— Ici de grands éclats de rire déconcertèrent tellement Mr. le Docteur, qu'il ſe leva de table, prit ſon chapeau, & ſe retira, ſans oſer proférer une parole. D'après cet exemple, on doit juger de l'importance des *Queſtionneurs*, & des ſervices qu'on peut en attendre.

4°. Les *Raiſonneurs*, qui formeroient la quatrième Claſſe, ſeroient les *Diſputeurs*, & les *Argumentateurs*, de la Société. Cet office, le plus relevé de tous, comme étant le plus difficile, ne feroit confié qu'après des examens très févères; & voici quelques-unes des Régles qu'il importeroit de prefcrire à ceux qui en feroient honorés.

1ere. *Régle.* Lorfqu'il s'élévera quelque difpute fur la Religion, ils fe tiendront fur la négative, & ils ne prendront, fi je puis m'exprimer ainfi, la maffue du raifonnement, qu'après avoir effaié de fe fervir du tranchant de la plaifanterie.

2de. *Régle.* Ils fe garderont bien de captiver leurs raifonnemens dans la forme fyllogiftique, trop féche & trop ennuieufe. Et, en général, ils ne s'afferviront point aux Loix de la *Logique*, qui ne fert qu'à amortir, ou à éteindre le feu du génie.

3eme. *Régle.* Ils éviteront, avec foin, de fixer le fens des *termes*, parce que plus ils en comportent, plus on a de reffources dans une difpute; &, par-là-même, ils chercheront à ne pas laiffer jouir leur adverfaire d'une prérogative auffi excellente.

4eme. *Régle.* Ils feront énergiquement brefs, fièrement précis; ils ne frapperont que des coups de force & de lumière. Si cependant, ils prévoioient, qu'un raisonnement, noié dans un déluge de paroles, embarrasseroit leur Antagoniste, ce cas formeroit une exception à cette Régle.

5eme. *Régle.* Ils ne mettront jamais dans leurs raisonnemens une profondeur qui donneroit à l'esprit un exercice trop laborieux. Dans ce Siécle, on n'aime pas tant à creuser; on est pour les superficies. Il importe ds s'en souvenir.

6eme. *Régle.* S'ils manquoient d'une réponse à quelque argument, ou d'une saillie qui pût y suppléer, qu'ils témoignent, par un air mystérieux & profond, ou par un regard ironique, ou par un ris concentré, qu'ils ne se taisent que parce qu'ils le veulent bien; qu'ils ont en réserve des armes dont ils ne jugent pas à-propos de se servir; qu'ils sont las de disputer avec des gens qui ignorent les *grands Principes*, & qui sont incapables de s'élever jusqu'aux vérités sublimes de la *Philosophie.* Une telle retraite est à de certains yeux une victoire.

§. II.

Les *Chefs* de la *Société*, dont je viens de parler, feroient chargés d'examiner les Ouvrages de nos Ecrivains, avant qu'ils fuffent donnés au Public. De-là réfulteroient de grands avantages.

1°. Lorfque quelqu'un de nos Auteurs, emporté par fon zèle, avanceroit des propofitions abfolument infoutenables, on le lui feroit appercevoir. *Exemples.*

On auroit averti les Auteurs du *Chriftianifme dévoilé*, & de l'*Examen Important*, qu'ils alloient trop loin, en prétendant que *Moyfe n'a jamais exifté*; parce qu'il eft trop aifé de les confondre par le témoignage des Ecrivains Juifs, qui ont tous cité *Moyfe*, en l'appellant le *Légiflateur des Hébreux*; par l'opinion conftante & invariable de ce Peuple; fur-tout, par des paffages de *Diodore de Sicile*, de *Strabon*, &c. dans lefquels il eft parlé de *Moyfe*, comme du *Légiflateur des Juifs.*

Ces mêmes Auteurs n'auroient pas avancé, l'un, que *du tems de Jéfus*, *on ne parloit point de l'attente du Meffie*; l'autre, que *la Paleftine étoit un pays peu fertile ;* parce qu'on leur auroit fait lire des passages de *Tacite* & de *Suetone*, qui prouvent, précisément, le contraire. Je sais qu'il est d'usage, parmi nous, de n'appuier sur l'autorité des Auteurs anciens, que lorsque leur témoignage est favorable à nos opinions, & de les traiter d'*ignorans*, ou de *menteurs*, lorsqu'on se sert d'eux pour nous combattre. Mais j'ai vu des gens, trop scrupuleux, peut-être, à qui cet usage faisoit quelque peine ; ne l'emploions donc qu'avec la plus grande réserve.

N. B. Je ne citerai, sur chaque Article, que quelques *exemples ;* très-fâché d'être en état d'en fournir un beaucoup plus grand nombre. Cela nuit prodigieusement à notre Cause.

2°. Lorsqu'il échapperoit à quelqu'un de nos Ecrivains de lourdes bévuës, (ce qui peut arriver aux plus habiles) on les leur feroit remarquer. *Exemples.*

On n'auroit pas laissé dire à Mylord *Bolingbrock*, dans son *Examen Important*, que *Jérémie avoit aidé Esdras dans la composition du Pentateuque ;* parce que *Jérémie* étoit mort près de 130 ans avant l'arrivée d'*Esdras* à Jérusalem.

L'Auteur du *Christianisme dévoilé* n'auroit pas écrit, qu'on *peut opposer aux miracles de Moyse, ainsi qu'à ceux de Jésus, ceux que Mahomet opéra, aux yeux de tous les Peuples de la Mecque assemblés*; parce que, selon l'*Alcoran* même, *Mahomet* ne fit point de miracles.

Ce même Auteur n'auroit pas dit, que *le Christianisme changea toujours en Despotes & en Tyrans, les Souverains qui le favorisèrent*; parce qu'il est trop connu, que le pur *Despotisme* règne précisément chez les Nations où l'Evangile n'a pas encore pénétré.

3°. S'il arrivoit à un de nos Ecrivains de dire des choses qui porteroient contre quelqu'autre Ecrivain, de nos Amis, on l'en avertiroit. *Exemples.*

On auroit demandé à l'Auteur des *Lettres écrites de la Montagne*, qu'il effaçât ces deux lignes; *Il faudroit enfermer ceux qui prétendent qu'un Miracle est une chose impossible*; parce que, dans ce cas-là, tel & tel de de nos Auteurs feroit actuellement aux petites-maifons, ou mériteroit d'y être.

4°. Si quelqu'un de nos *Docteurs* tomboit dans des Contradictions trop frappantes; s'il fourniffoit de fortes armes contre lui-même; fur-tout, s'il donnoit prife au ridicule, il en feroit averti. *Exemples.*

On auroit fait remarquer à l'Auteur du *Chriftianifme dévoilé*, qu'après avoir avancé, (ce qu'il falloit taire) que *des ames honnêtes avoient été féduites par les mœurs des premiers Chrétiens*, il ne falloit pas aller jufqu'à dire que la *Morale Evangélique eft impraticable, fanatique & nuifible à la Société.*

On auroit dit à ce même Ecrivain, que, voulant propofer cette Queftion, *Comment fut-il poffible qu'un Peuple entier, témoin des Miracles de Jéfus-Chrift, confentît à fa mort, la demandât même avec empreffement?* Il falloit éviter de peindre les Juifs, prefque à chaque page de fon Ouvrage, comme des *monftres de frénéfie & de férocité*, comme des gens livrés à *la fuperftition la plus abfurde*, au *fanatifme le plus opiniâtre*, &c. &c. N'eft-ce pas là, en effet, mettre, à côté de l'objection, la réponse?

On auroit fait remarquer à l'Auteur de l'*Essai sur les Miracles*, (Mr. *Hume*) qu'après avoir affirmé » qu'un témoignage, quel qu'il » soit, en faveur d'un miracle, non-seulement ne peut jamais avoir force de *preuve*, » mais qu'il ne peut pas même être amené » à la *probabilité* « il ne falloit pas convenir, dans un autre endroit » qu'il peut y avoir » des miracles, ou des violations du cours » ordinaire de la Nature, qui soient telles » qu'elles puissent être *prouvées* par le té» moignage humain. «

On auroit fait observer à l'Auteur du *Systême de la Nature*, qu'après avoir réduit l'homme à sa juste valeur, en ne le faisant *différer de la bête que par l'organisation*, il est risible de l'entendre dire, que *l'homme vertueux s'estime*, qu'il *se respecte*, qu'il *sent sa dignité*, qu'il *est grand à ses propres yeux*, &c. D'autant plus, qu'il s'est efforcé de prouver à cet homme *vertueux*, qu'il n'est tel que *parce qu'il ne peut pas être autrement*; que *sa nature l'y force*; que *nous ſommes ſages ou inſenſés*, *ſans que notre volonté entre pour rien dans ces différens états*; que *nous ſommes des inſtrumens paſſifs entre les mains de la néceſſité.* Qu'eſt-ce qu'une horloge qui *ſe reſpecte*, qui *ſent ſa dignité*, qui *eſt grande à ſes propres yeux*, parce qu'elle marque bien les heures? Ce ſont là de ces abſurdités ſi frappantes, qu'elles mettent les rieurs du côté de nos Adverſaires, & peuvent nous perdre ſans retour.

On auroit dit à ce même Auteur, qu'il eſt trop comique de l'entendre fortifier l'homme contre les terreurs de la mort, par cette Apoſtrophe. » Foible Mortel! Tu » prétendrois exiſter toujours? Veux-tu » donc que pour toi ſeul la Nature change » ſon cours? Ne vois-tu pas dans ces Co» mètes excentriques qui viennent étonner » tes regards, que les Planètes elles-mêmes » ſont ſujettes à la mort? « *Il faut convenir*, diſoit quelqu'un, *que la conſolation eſt tirée d'un peu loin!*

On auroit invité cet Auteur à retoucher les Propoſitions ſuivantes, que j'accompagnerai de quelques Notes.

» Le mouvement découle nécessairement » de l'essence de la matière ; elle se meut » par sa propre énergie. « Si cela étoit, la Matière ne pourroit pas même être conçue, un seul instant, en repos ; elle ne pourroit pas avoir différens degrès de vitesse, différentes directions, &c.

» En humectant de la farine avec de » l'eau, & renfermant ce mélange, on trou» ve, au bout de quelque tems, à l'aide du » Microscope, qu'il a produit des Etres » organisés, qui jouissent d'une vie dont » on croyoit la farine & l'eau incapables. « Il seroit bien à souhaiter qu'on pût faire fonds sur cette Expérience ; mais, malheureusement, tous les Physiciens s'en moquent aujourd'hui ; & combien de plaisanteries n'a-t elle pas fait tomber sur son Auteur ! Les *Molécules organiques* de Mr. *de Buffon* n'ont pas été plus heureuses.

» Si l'on demande, d'où l'homme est » venu ? Nous répondrons, que l'expérience » ne nous met point à portée de résoudre » cette question, & qu'elle ne peut nous » intéresser véritablement. « Cette Question paroîtra, à bien des gens, très-intéreſſante; il ſeroit même fort à ſouhaiter, pour l'honneur de la *Philoſophie*, qu'elle vînt à bout de la réſoudre.

» Le Contemplateur de la nature dira,
» qu'il ne voit aucune contradiction à ſup-
» poſer que l'eſpèce humaine, telle qu'elle
» eſt, a été produite, ſoit dans le tems,
» ſoit de toute éternité. « L'eſpèce humaine *produite* de toute *éternité*! On aura peine à en croire le Contemplateur de la Nature, quand la contradiction ſe trouvera dans les termes mêmes?

» Le dernier terme de l'homme nous eſt
» auſſi inconnu & auſſi *indifférent* que le pre-
» mier. « *Indifférent*!

» L'homme peut être comparé à une
» Harpe ſenſible qui rend des ſons d'elle-
» même, & qui ſe demande, qu'eſt-ce qui
» les lui fait rendre. Elle ne voit pas,
» qu'en ſa qualité d'être ſenſible, elle ſe
» pince elle-même, & qu'elle eſt pincée &
» rendue ſonore par tout ce qui la touche. « Une Harpe qui *rend des ſons d'elle-même*, qui *ſe pince elle-même*!

» L'on nomme *esprit*, *sagesse*, *bonté*, *pru-*
» *dence*, *vertu*, &c. des dispositions, ou des modifications constantes ou passagères de l'Organe intérieur qui fait agir les Etres de l'espèce humaine. « La *prudence*, une *modification de l'organe intérieur* !

» En faisant de notre ame une substance spirituelle, on se contente de lui administrer des remèdes spirituels, qui n'influent point sur le tempérament, ou qui ne font que lui nuire. « L'Auteur, en ôtant aux *remèdes spirituels* toute influence sur la conduite des hommes, a donné lieu à cette plaisanterie. » Pourquoi donc avez-vous composé un Livre tout plein de remèdes spirituels ? De tels argumens n'ayant point de prise, que ne les gardiez-vous, en les remplaçant par des Ordonnances de pilules, d'apéritifs & d'émolliens, tels que vous les croyez propres à notre usage ? «

» Les Assassins & les Voleurs, quand ils vivent entr'eux, n'ont ni honte, ni remors. « L'Auteur a oublié qu'il venoit de dire. » Il n'y a *point de méchant* qui ne

» ſoit honteux de ſa conduite, qui ſoit vrai-
» ment content. de lui-même. «

» Le Sage lui-même pâlit à l'aſpect de
» la mort. « N'eſt-ce point avouer l'impuiſſance des Conſolations philoſophiques que donne l'Auteur, dans ce Chapitre, contre les frayeurs de la mort ? *Le Sage lui-même pâlit !* Et l'Auteur prétendoit, il n'y a qu'un inſtant » que le dernier terme de
» de l'homme nous eſt auſſi *indifférent* que
» le premier. «

» La poſtérité t'admirera, ſi tes talens,
» utiles pour elle, lui font connoître le
» nom ſous lequel on déſignoit autrefois
» ton être anéanti. « L'Auteur affirme, en pluſieurs endroits de ſon Ouvrage, que l'eſpérance d'une *Immortalité réelle* eſt un foible motif à la Vertu ; & il veut, ici, que l'eſpoir d'une *Immortalité chimérique* en ſoit un des plus efficaces ! Eh qu'importe ce que l'on dira de notre *être anéanti !*

» Hélas, par le renverſement que les
» erreurs des hommes ont mis dans leurs
» idées, la vertu, diſgraciée, bannie, per-
» ſécutée, ne trouve aucun des avantages

» qu'elle eſt en droit d'eſpérer. » *Aucun !* Et c'eſt dans le Chapitre, où l'on lit ce paragraphe, que l'Auteur cherche à porter les hommes à la *Vertu*, par le ſeul motif de *l'intérêt préſent !*

» Seroit-on bien étonné, s'il y avoit, » dans un Cornet, cent mille dès, d'en voir » ſortir cent mille *ſix* de ſuite ? Oui, ſans » doute, dira-t-on ; mais ſi ces dès étoient » tous pipés, on ceſſeroit d'en être ſurpris. » Eh bien ! Les molécules de la Matière » peuvent être comparées à des dès *pipés*, » c'eſt-à-dire, produiſent toujours certains » effets déterminés ; ces molécules étant eſ- » ſentiellement variées par elles-mêmes & » par leurs combinaiſons, elles ſont *pipées*, » pour ainſi dire, d'une infinité de manières. » La tête d'Homère, ou la tête de Virgile » n'ont été que des aſſemblages de molécules, » ou ſi l'on veut, des dès pipés par la Na- » ture, c'eſt-à-dire, des êtres combinés & » élaborés de manière à produire l'*Iliade*, ou » l'*Enéïde*. « Cent mille dès, qui ſe ſeroient eux-mêmes *pipés*, m'étonneroient fort. Cent mille molécules qui ſe ſont *pipées* elles-mêmes, pour former l'*Iliade* & l'*Eneïde*, m'étonnent bien davantage! Ou plutôt, j'avoue humblement que je n'entends rien à toute cette *piperie*. Et comme c'eſt-là la bâſe de tout le *Syſtême de la nature*, j'aurois voulu, que l'Auteur n'eût pas dit ſi ſouvent, à cet égard (comme à pluſieurs autres) *j'ai prouvé*, & qu'il eût prouvé davantage.

» Adreſſons nous à la nature; elle nous
» procurera une foule de biens, lorſque
» nous lui rendrons les honneurs qui lui
» ſont dûs; elle nous fournira de quoi
» ſoulager nos maux phyſiques & moraux,
» quand nous voudrons la conſulter; elle
» ne nous punit, ou ne nous montre des
» rigueurs que lorſque nous la mépriſons
» pour proſtituer notre encens aux Idoles
» que notre imagination élève ſur le thrône
» qui lui appartient. « Des *honneurs dûs à la Nature!* Un *thrône qui lui appartient!* Un *encens* qui devroit lui être offert! L'Auteur penſeroit-il à établir un nouveau Culte, en faveur des *Molécules de la Matière qui ſe ſont pipées elles-mêmes?*

Je ne me ſuis arrêté ſur le *Syſtême de la*

Nature, qu'à cauſe de ſon importance & de ſa célébrité. J'aurai occaſion, dans la ſuite, de faire encore quelques obſervations ſur cet Ouvrage.

5°. En général, les *Chefs* de la *Société* ne permettroient point l'impreſſion d'un Manuſcript, s'il devoit former de gros & peſans *In-octavo*; (défaut eſſentiel du *Syſtème de la Nature*, qui renchérit ce Livre, empêche qu'il ne ſoit facilement colporté, & en rend pénible la lecture.) s'il étoit chargé d'une pédanteſque Erudition; ſi le ſtile n'étoit pas ſemillant, antithétique, tant ſoit peu bouffon; ſi les raiſonnemens étoient trop ſecs, trop abſtraits, ou trop longs; ſur-tout s'il n'étoit pas lardé de joieuſes Epigrammes contre les Gens-d'Egliſe, de ces ſaillies heureuſes que les Sots appellent des *impiétés*, & d'autres *agrémens* de ce genre, qui juſques-ici ont fait tant de bien à notre cauſe.

§. III.

Il conviendroit encore, que les *Chefs de la Société* donnaſſent un *Cathéchiſme Anti-Chrétien*, en deux *Parties*. La première contiendroit des Réponſes claires, courtes, & poignantes, à certaines Queſtions, rélatives au Chriſtianiſme, & qui, ſouvent, ont embarraſſé nos Novices, quelquefois même nos Docteurs. *Exemples.*

Eſt-il impoſſible que Dieu ſe révèle aux hommes? —— Cette Révélation ne leur ſeroit-elle pas infiniment utile? —— N'eſt-il pas de la ſageſſe & de la bonté de Dieu de la leur donner? —— S'il la leur donnoit, ne pourroit-il pas, ne devroit-il pas ſe ſervir de moiens propres à démontrer qu'elle vient de lui? —— Les miracles ne ſont-ils pas de tous ces moiens le plus prompt, le plus frappant & le plus sûr?

Si les Apôtres avoient été des *Impoſteurs*, auroient-ils choiſi pour leur Héros, un homme crucifié à Jéruſalem? —— Auroient-ils débuté dans les lieux mêmes où devoient s'être paſſés les faits dont ils s'appuioient? —— Seroient-ils entrés dans des détails ſur ces Faits? —— Auroient-ils affronté les ſupplices & la mort pour ſoutenir une *impoſture?*

Si les Apôtres avoient été des *fanatiques*, comment eût-il été poſſible, qu'ils fuſſent tous attaqués de la même maladie ? —— Comment la Doctrine qu'ils ont annoncée, feroit-elle sortie de douze Cerveaux *dérangés ?* —— Comment ces douze *Visionnaires* feroient-ils venus à bout d'éclairer l'Univers ? —— Comment leurs succès auroient-ils surpassé ceux des plus grands *Philosophes* de l'Antiquité ?

Dans la seconde *Partie*, on répondroit à des Questions philosophiques, telles que celles-ci ;

Quelle est la sorte de *Méchanisme* qui produit, dans la *Matière*, la *pensée*, le *plaisir*, & la *douleur ?* La figure *ronde* a-t-elle plus de vertu pour cela que la figure *quarrée*, ou la *triangulaire*, plus que la *ronde ?* —— Si l'ame n'est pas un être simple, indivisible, comment peut-elle comparer une sensation avec une autre ? —— Quelles sont les différentes *formes* & les différens *mouvemens* d'où naissent les différentes facultés *intellectuelles* de la *Matière ?* La *Liberté*, par exemple, est-elle dûe, comme le prétend *Lucrèce*, à la *déclinaison des Atomes ?* —— Le Système de la matérialité & de la mortalité de l'ame n'avilit-il pas l'homme? N'eſt-il pas propre à affoiblir en lui le goût de la Vertu? Ne lui ferme-t-il pas une grande ſource de Conſolations dans les malheurs de la vie? Ne le livre-t-il pas au déſeſpoir, quand il voit approcher la mort?

Il ne ſeroit pas mal d'accompagner chaque *Réponſe*, d'une bonne plaiſanterie, ou d'un petit *Conte*, à l'uſage de ceux qui ne ſont pas capables d'en imaginer.

§. IV.

Il y a, ſans doute, beaucoup d'adreſſe à répéter ſouvent, comme le font nos *Ecrivains*, certaines objections contre la *Bible*; ſur-tout, ſi l'on a l'heureux talent de les revêtir de formes différentes. Il arrive de-là, que les Défenſeurs de la Religion ſe laſſent de répondre; que l'on perſuade à bien des gens que ces Objections, ne fuſſent-elles que des vétilles, ſont d'une grande force, & qu'on ne les propoſe de nouveau, que parce qu'elles ſont reſtées ſans réponſe, ou parce qu'on n'y en a fait que de mauvaiſes. Combien de gens (malgré tant de réclamations de nos Adverſaires) croient encore bonnement, que *Jérémie* ſe chargea d'un bât; qu'*Eſaïe* marcha tout nud dans Jéruſalem ; qu'*Ezéchiel* avala un volume de parchemin, & fit, un jour, un très-mauvais déjeuné! J'avouerai cependant, que je voudrois que nous ne fiſſions pas uſage de ce *Moyen* juſqu'à la ſatiété. J'ai trouvé les *Ecuries de Salomon*, la *Baleine de Jonas*, & le *Figuier maudit*, dans plus de vingt de nos Brochures, imprimées dans l'eſpace de deux ou trois ans. Oh, en vérité, c'eſt un peu trop! Quelque ſucculentes que ſoient ces difficultés, je ſuis d'avis que nous les laiſſions dormir, au moins, pendant cinq ou ſix années. Il n'y aura point alors d'inconvénient à les faire reparoître.

Je penſe de-même ſur les plaiſanteries que nous fourniſſent les noms obſcurs & roturiers de *Jaques*, de *Matthieu*, de *Simon Barjone*, &c. Il eſt à craindre qu'elles ne perdent de leur piquant, ſi elles ſont prodiguées.

§. V.

Lorſque nos *Ecrivains* ſe ſont hazardés à citer, dans leurs *Ouvrages*, des Auteurs anciens, un *Sanchoniaton*, un *Chérémon*, un *Manéthon*, des *Pères Grecs* ou *Latins*, leur Erudition a plus nui à notre Cauſe, qu'elle ne lui a été favorable. J'ai remarqué, qu'ils ont toujours eu la mortification de ſe voir mal-menés par de lourds & poudreux Théologiens, (tel qu'un *Bentley*, de fâcheuſe mémoire) qui ayant, par-deſſus nos Défenſeurs, le triſte don des Langues-mortes, vérifient nos citations ſur les Originaux, & en comptent tous les mots, pour nous reprocher juſqu'à l'omiſſion d'un ſeul, qu'il pouvoit nous convenir de paſſer ſous ſilence. Laiſſons donc à nos peſans Adverſaires le dégoûtant fatras d'une Erudition Grecque & Latine; & ne leur envions pas l'épaiſſe organiſation requiſe pour s'illuſtrer en ce genre.

Je vois que, depuis quelque tems, nos Auteurs ont pris le parti de citer des Ouvrages *Chinois*, ou *Perſans*, le *Weidam*, le

Sadder, le *Chou-king*, &c. &c. Ce nouveau genre d'Erudition nous ſera-t-il favorable, lorſque ces Ouvrages ſeront plus connus ? Je n'en ſais rien ; mais il faut tout eſſayer. Je penſerois même que, comme l'on parle d'un grand nombre de Livres, écrits par des Prêtres Lamas, en langue Thibétaine, il ne feroit peut-être pas mal d'en faire un Corps de réſerve, que l'on tiendroit prêt, au beſoin.

A propos des *Chinois*, je crois devoir avertir nos Ecrivains, qu'ils peuvent ceſſer d'exalter leur Gouvernement & leurs Mœurs. Ce *moyen*, d'abord ſi ſagement employé pour décrier le Chriſtianiſme, eſt devenu inutile, depuis que l'Amiral *Anſon*, qui, malheureuſement, a été ſur les lieux, a peint les *Chinois* comme un Peuple *fripon*, *lâche*, *menteur*, *perfide* &c. ; a prouvé, par des faits, que ſa peinture n'étoit point outrée ; & a été appuyé par un *Miſſionnaire* (le Père *Bourgeois*) qui aſſure, que *les Chinois ne gagnent pas à être vus de trop près.*

Puiſqu'il eſt queſtion de nos *Moyens uſés*, je mets dans ce rang les éloges que nos Ecrivains

Ecrivains prodiguent à *Julien*, & les épithètes injurieuſes dont ils accablent *Conſtantin*, ſur-nommé, *le grand*. Il n'eſt, aujourd'hui, perſonne qui ne ſache, que *Julien* ſe déshonora par la ſuperſtition la plus outrée & la plus ridicule; & que *Conſtantin* ne fit mourir *Maximilien Hercule*, que parce qu'il lui avoit tendu des piéges; *Licinius*, parce qu'il tramoit ſans ceſſe des projets contre lui; *Criſpus*, parce qu'il fut trompé par les calomnies de *Fauſta*; & *Fauſta*, parce qu'il fut éclairé ſur ces calomnies.

Je conſeille auſſi à nos Ecrivains, de ne plus chercher à faire paſſer leurs Ouvrages contre la Religion, ſous le nom de quelque homme diſtingué dans la République des Lettres, d'un *Fréret*, d'un *Mirabeau*, &c. & de ne plus faire parler quelque perſonnage fictif, tel qu'un *Vicaire Savoyard*. Je vois qu'aujourd'hui perſonne n'eſt la dupe de ce ſtratagême littéraire.

§. VI.

L'Etabliſſement d'un Corps nombreux, protégé par les Gouvernemens, & payé pour entretenir un Culte religieux, nuit infiniment aux progrès de la *Philosophie.* Comment la *Vérité* percera-t-elle, tant qu'il y aura de ces Gens apostés pour parler d'un Dieu Créateur, d'un Dieu Saint & Juste, dont l'œil est toujours ouvert sur les hommes; qui leur a tracé, dans un Livre, tous leurs devoirs, & qui leur demandera compte de la manière dont ils les auront observés? Qu'ont fait, à cet égard, nos Ecrivains? Sentant tout le tort que nous cause un tel Etablissement, ils ont pris le parti de rendre odieux, ou ridicules, les Ministres de la Religion, en les peignant comme des gens *qui éteindroient, s'ils le pouvoient, jusqu'à la lumière naturelle; qui ne respirent que la persécution*; &c. &c.

Je ne conteste point la légitimité & la sagesse de ce *Moyen*; mais je voudrois, 1°. Qu'en continuant de joindre au mot *Théologien*, quelque épithète flétrissante, nous évitassions les injures trop grossières. Je n'aime pas, par exemple, cette Apostrophe de l'Auteur du Livre *De l'Homme & de son Education* » O Vénérables Théologiens!

» ô Brutes ! ô mes Frères ! « Quelque adoucie que soit l'épithète de *Brute*, par ce qui la suit & la précéde, il me semble qu'il lui reste encore quelque chose de dur & de repoussant. Combien je préfere l'Apostrophe à ces mêmes Théologiens, qui se trouve quelques lignes plus bas » O Poupée » Théologienne ! « Voilà, tout à la fois, du joli, du doux & du piquant ! 2°. Je voudrois que nous ne prodiguassions pas ce *Moyen*, de crainte qu'on n'en vienne à le suspecter, ou qu'il ne perde enfin de son efficacité. Je croirois que dans chaque Brochure, de cent à cent-cinquante pages, il faudroit nous réduire à trois ou quatre sorties contre le Clergé, placées à distances égales, & portant toujours l'empreinte de l'indignation ou du mépris, sans cependant pécher par une démesurée hyperbole.

§. VII.

Jusques-ici nos *Auteurs* avoient cherché à révolter contre le Christianisme, en faisant envisager, comme lui appartenant en propre, un tas d'abſurdités, ſorties du Cerveau des *Hérétiques*, des *Commentateurs*, des *Théologiens*; & cet artifice leur avoit réuſſi, à ce qu'il me ſemble, au-delà même de ce qu'ils en pouvoient eſpérer. Pourquoi donc quelques-uns d'entr'eux y renoncent-ils aujourd'hui? J'ai lu, avec un grand déplaiſir, les Paragraphes ſuivans, dans deux *Brochures*, d'ailleurs excellentes, intitulées, *Dieu & les hommes. L'Epitre aux Romains.*

» Chaque Secte a tellement corrompu la » Religion de *Jéſus*, que celle des Chrétiens » lui eſt toute contraire...... On a chargé » la Doctrine Céleſte « (*Céleſte*! Quel aveu!) » de Jéſus-Chriſt, en une Doctrine in» fernale. «

» Vous ne trouverez dans les *Conſtitutions* » *Apoſtoliques*, ce Monument du Second Sié» cle, ni *Trinité*, ni *Conſubſtantialité*, ni » *Tranſubſtantiation*, ni *Confeſſion Auriculaire*. » Vous n'y verrez point que la Mère de » Jéſu ſoit *Mère de Dieu*, que Jéſu eut deux » natures & deux volontés, que le Saint-» Eſprit procéde du Père & du Fils. Tous » ces ſinguliers ornemens de fantaiſie, *étran-*

» *gers à la Religion de l'Evangile*, ont été » ajoutés, depuis, au grossier bâtiment que » la fanatisme & l'ignorance élevoient dans » les trois premiers siècles.... Aucun Evan- » gile n'a mis dans la bouche de Jésu, ce » blasphème, *qu'il etoit Dieu*, *consubstantiel à* » *Dieu.* «

Un Avocat de l'*Evangile* tiendroit-il un autre langage ? Si je voulois décrier mon ennemi, loin de détruire ou d'affoiblir les bruits calomnieux qui courroient sur son compte, ne devrois-je pas les accréditer & les répandre ? N'est-ce pas agir à contre fin, que de dépouiller le Christianisme de ce Vernis théologique que tant de gens confondent avec sa couleur primitive ; que de le simplifier, de le rapprocher de la Raison, & d'inviter à ne le chercher que dans les paroles de son Auteur ?

Je remarquerai, que l'artifice, dont nous avions fait usage, est d'autant plus heureux que les *Théologiens* éclairés n'osent pas démontrer, que leur absurde *Orthodoxie* n'est point dans l'*Evangile*, de peur d'être accusés *d'héréfie* par leurs Confrères, & d'en être traités, avec plus ou moins de rigueur ; ſuivant l'exigence du cas.

§. VIII.

S'il nous convient de laiſſer à la *Doctrine* de l'*Evangile* toutes les *Fictions théologiques* qui ont été miſes ſur ſon compte, il nous importe auſſi de ne point déſabuſer ceux qui ſe font de fauſſes idées de ſa *Morale.* Quel plaiſir j'ai eu à lire dans le *Syſtême de la Nature*, le parallèle que je vais tranſcrire !

» La *Nature* invite l'homme à s'aimer, à » ſe conſerver, à augmenter inceſſamment » la ſomme de ſon bonheur : la *Religion* lui » ordonne d'aimer uniquement un Dieu re- » doutable & digne de haine, de ſe déteſter » lui-même, de ſacrifier à ſon Idole ef- » fraiante, les plaiſirs les plus doux & les » plus légitimes de ſon cœur. La *Nature* dit » à l'homme de conſulter ſa Raiſon & de la » prendre pour guide : la *Religion* lui apprend » que cette Raiſon eſt corrompue, qu'elle » n'eſt qu'un guide infidéle, donné par un » Dieu trompeur afin d'égarer ſes Créatures.

» La *Nature* dit à l'homme de s'éclairer, » de chercher la vérité, de s'instruire » de ses rapports : la *Religion* lui en- » joint de ne rien examiner, de rester dans » l'ignorance, de craindre la vérité ; elle lui » persuade, qu'il n'est point de rapports plus » importans pour lui que ceux qui subsis- » tent entre lui & un Etre qu'il ne connoi- » tra jamais. La *Nature* dit à l'être amoureux » de lui-même de modérer ses passions, de » leur résister, lorsqu'elles sont destructives » pour lui-même, de les contrebalancer par » des motifs réels empruntés de l'expérience : » la *Religion* dit à l'etre sensible de n'avoir » point de Passions, d'être une masse in- » sensible, ou de combattre ses penchans » par des motifs empruntés de l'imagination » & variables comme elle. La *Nature* dit à » l'homme d'être sociable, d'aimer ses sem- » blables, d'être juste, paisible, indulgent, » bienfaisant, de faire jouir ou de laisser » jouir ses Associés : la *Religion* lui conseille » de fuir la société, de se détacher des créa- » tures, de les haïr, quand leur imagination » ne leur procure point des rêves conformes

» aux siens, de briser en faveur de son Dieu » tous les liens les plus sacrés, de tourmenter, d'affliger, de persécuter, de » massacrer ceux qui ne veulent point délirer » à sa manière. La *Nature* dit à l'homme » en société, chéris la gloire, travaille à te » rendre estimable, sois actif, courageux, » industrieux : la *Religion* lui dit, sois humble, abject, pusillanime, vis dans la retraite, occupe-toi de prières, de méditations, de pratiques ; sois inutile à toi-même, & ne fais rien pour les autres. La » *Nature*, &c. «

Quels effets cet admirable Tableau ne doit-il point produire ! Je ne sais, cependant, s'il n'eût pas été à souhaiter, que le Peintre eût mis dans les couleurs un peu moins de force, & un peu plus de vérité ? N'auroit-il pas dû, par exemple, adoucir ces expressions ; *La Religion ordonne à l'homme de se détester lui-même, de craindre la vérité, d'être une masse insensible, de haïr les Créatures quand leur imagination ne leur procure point des rêves semblobles aux siens, d'être abject & pusillanime, d'être inutile à lui-même & de ne rien faire pour les autres ?* Ne ſeroit-il pas un peu embarraſſé, ſi l'on le ſommoit de montrer de tels ordres dans l'Evangile ? Il eſt vrai que, dans ce cas-là, le mot *Religion* étant équivoque, il pourroit dire, qu'il a voulu parler de la Religion de certains Enthouſiaſtes, & non de la Religion de Jéſus-Chriſt & des Apôtres. C'eſt ainſi que l'Auteur d'*Emile*, attaqué ſur ce qu'il prêtoit au Chriſtianiſme je ne ſais quelles abſurdités, confondit ſon Adverſaire, en proteſtant » qu'on avoit tort de lui faire dire de *l'Evangile*, ce qu'il n'avoit dit que des *Janſéniſtes*, » des *Méthodiſtes* & d'autres dévots d'aujourd'hui. «

Parmi les Moyens de décrier cette *Morale Evangélique*, qui a encore quelques partiſans, je goûte beaucoup ceux dont s'eſt ſervi l'Auteur de *l'Hiſtoire critique de Jéſus-Chriſt*. Il commence par ne pas mettre en doute, qu'il ne faille prendre à la lettre les expreſſions de Jéſus-Chriſt, quelqu'évidemment figurées qu'elles puiſſent être ; enſuite, il fait obſerver —— que c'eſt un remède bien étrange que de ſe couper ou de s'arracher un membre, toutes les fois qu'il est pour nous une occasion de péché —— que la suppression d'une juste défense de sa personne & de ses droits contre un aggresseur ou un plaideur injuste, est un renversement des loix de toute société —— que le précepte de ne rien posséder, de ne rien amasser, de ne point songer au lendemain, seroit très-nuisible aux familles ; &c. &c. Tout cela est dit d'un ton de bonhomie, qui ne laisse pas que de faire un merveilleux effet.

Cet Auteur n'est pas moins admirable, lorsqu'il expose les vuës intéressées de Jésus-Christ, dans les préceptes qu'il donnoit à ses Disciples. Pourquoi Jésus-Christ recommande-t-il *la pauvreté d'esprit?* Parce qu'au moyen de l'ignorance & de la stupidité, il pouvoit *tout faire croire sans examen.* —— Pourquoi recommande-t-il la douceur, la patience, la modération, & la tolérance? Parce que c'étoient les voies les plus sures *pour lui faire des conquêtes.* —— Pourquoi recommande-t-il la miséricorde au Peuple qui l'écoute? Parce qu'il en avoit lui-même, ainsi que sa troupe, *le plus grand besoin.* ——

Pourquoi prèche-t-il tant la paix & la concorde ? Parce que ces diſpoſitions étoient *très-néceſſaires dans une Secte naiſſante, foible & perſécutée.* Qui oſeroit vanter la Morale Evangélique, à préſent que l'on a dévoilé les motifs ſecrets de celui qui là préchée aux hommes ? Qui ſeroit aſſez imbécille pour en faire la règle de ſes mœurs ?

§. IX.

Je crois devoir exhorter encore ici nos Ecrivains, à marcher ſur les traces de l'Auteur dont je viens de parler, lorſqu'ils voudront donner des explications ſimples & naturelles de ce que les Chrétiens appellent des *Miracles*. Voici quelques légers échantillons de ſon ſavoir-faire, à cet égard. S'agit-il d'expliquer pourquoi cet Officier de *Capharnaüm*, qui étoit allé demander à Jéſus la guériſon d'une fièvre dont ſon fils étoit atteint, l'en trouva délivré, au moment où il fut de retour chez lui ? *Peut-être*, dit-il, *la fièvre étoit intermittente.* —— Faut-il expliquer le changement de l'eau en vin, aux Noces de Cana ?

Peut-être Jésus s'étoit-il entendu avec le Maître-d'Hôtel. Est-il question d'expliquer cette tempête appaisée, d'un mot, par Jésus? *Peut-être les reproches que fit Jésus à ses Disciples sur leur peu de foi, donnèrent à la tempête le tems de se calmer. Peut-être, aussi, cette tempête ne fut-elle qu'un coup de vent, qui s'appaisa de lui-même.* —— Veut-il expliquer comment Jésus devina ce qui étoit arrivé à cette Samaritaine, avec la quelle il avoit eu un entretien? *Peut-être l'avoit-il découvert, soit par la conversation de cette femme bavarde, soit par le bruit public, soit par quelqu'autre voie très-simple.* —— Et la Résurrection de ce jeune garçon qu'on portoit en terre? *Peut-être la mère désolée s'entendoit avec le Thaumaturge.* —— Et la multiplication des pains & des poissons? *Il peut se faire que la foule ne fût pas aussi nombreuse qu'on le dit. D'un autre côté, les Apôtres purent avoir jeté quelques coups de filets avec assés de succès pour fournir du poisson à la troupe assemblée.* &c. &c. L'Ouvrage entier de cet Auteur porte sur des conjectures aussi heureuses. J'invite d'autant plus volontiers à le prendre pour modèle, qu'on ne peut pas dire, que cela demande de trop grands efforts de génie.

J'obſerverai, à l'occaſion des *Miracles*, que lorſque nous les attaquons, en leur oppoſant des *Expériences*, il eſt à ſouhaiter que ces Expériences ne ſoient pas trop communes. Je n'ai pas aimé, par exemple, que l'Auteur des *Lettres écrites de la Montagne*, parlât de l'Opération qui donne de l'*encre*; parce qu'au jugement du commun des hommes, il n'y a rien dans l'idée de l'*encre* qui ait trait au miraculeux. Il y a tant d'autres Expériences de Chimie, cent fois plus propres à en impoſer à la multitude! Je n'ai pas aimé non plus, que cet Auteur opposât aux *Miracles*, des *têtes de bois qui parlent*; des *machines qui marchent ou s'arrêtent à la volonté de celui qui les montre.* Je ne puis croire que tout cela jette de grands ſoupçons ſur la réſurrection d'un mort, ou ſur tel autre prodige de ce genre.

§. X.

Rien de plus propre à révolter contre la Religion Chrétienne, que de peindre les

Chrétiens comme des monſtres, cent fois plus abominables que tous les Sectateurs des autres Religions enſemble. Il n'y a, pour cet effet, qu'à rappeller les maſſacres, les roues, les gibets, les buchers des Cévennes, & près de cent mille ames péries dans cette Province; les maſſacres des Vallées de Piémont, les maſſacres de la Valteline, du tems de Charles Borromée, les maſſacres des Anabaptiſtes maſſacreurs & maſſacrés en Allemagne, les maſſacres des Luthériens & des Papiſtes, depuis le Rhin juſqu'au fond du Nord, les maſſacres d'Irlande & d'Ecoſſe, du tems de Charles I maſſacré, lui-même les maſſacres ordonnés par Marie, & par Henri VIII ſon Père, les maſſacres de la St. Barthélemy en France, & quarante ans d'autres maſſacres depuis François II juſqu'à l'entrée de Henry IV dans Paris; les Maſſacres de l'Inquiſition; &c. &c. &c.

Plus cette peinture ſera chargée, plus elle portera l'effroi dans les ames; mais, après cela, qu'on ſe garde bien d'obſerver, comme l'a fait, ſans doute, par inadvertance, un de nos plus grands Ecrivains.

» que ces horreurs infernales ſont l'abus de » la Religion Chrétienne, & n'en ſont pas » l'eſprit. « Il faut, au contraire, affirmer, non-ſeulement, que la perſécution eſt de l'eſſence même du Chriſtianiſme, mais encore, que le *caractère perſécuteur* lui eſt particulier; qu'il a, le premier, donné le ſignal de l'Intolérance. Je ſais que l'on pourra nous objecter les guerres des Egyptiens pour les Animaux qu'ils adoroient; ——— la Loi des *Athéniens* qui condamnoit à mort quiconque voudroit introduire des Dieux étrangers; ——— *Aſpaſie*, accuſée d'impiété, & que l'éloquence de *Périclès* eut bien de la peine à ſauver des mains de ſes accuſateurs; ——— *Anaxagore*, *Diagoras*, & *Protagoras*, qui furent perſécutés, le premier, pour avoir affirmé, que le Soleil étoit une maſſe de fer ardente; le ſecond, pour avoir raillé des myſtères; le troiſième, pour avoir révoqué en doute l'exiſtence des Dieux. Mais tout cela n'étant guères connu que des Savans, le plus grand nombre de nos *Lecteurs* nous en croira ſur notre parole. D'ailleurs, il faut ſavoir ſacrifier des faits minucieux, à des Aſſertions de la plus haute importance.

§. XI.

Il y a long-tems que les Avocats de la Religion nous invitent à donner notre *Confeſſion de Foi.* C'eſt un piége qu'ils nous tendent.

1°. Il eſt cent fois plus aiſé d'attaquer que de défendre. Celui qui défend eſt reſſerré dans un terrein dont il ne peut pas ſortir. L'Aggreſſeur, au contraire, tourne la diſpute, comme il lui plaît; il attaque, tantôt d'une façon, tantôt d'une autre; il a le choix des armes; il peut employer auſſi bien des railleries que des argumens; &c. Quel avantage tout cela ne lui donne-t-il pas ſur ſes Adverſaires?

2°. Deux lignes ſuffiſent pour une Objection, tandis qu'il faudroit, quelquefois, ſix pages pour une Réponſe. Or, qui ne ſait, qu'aujourd'hui, tel qui lit volontiers une Objection de deux lignes, rejette avec dédain une Réponſe de ſix pages? Nous ſommes donc aſſurés, d'avoir pour nous le goût

goût du Siécle, en nous en tenant à l'attaque.

3°. D'ailleurs, quel Syſtême de Philoſophie pourrions nous propoſer, contre lequel on ne trouvât pas autant de difficultés que contre le Syſtème Chrétien ? Si nous dreſſions un Plan de *Religion Naturelle*, on ne manqueroit pas de tourner contre nous la plupart de nos Objections contre la Religion Révélée, & nous aurions à ſoutenir le choc des plus terribles difficultés de *Bayle* ſur la Bonté de *Dieu*, la liberté de l'homme, la permiſſion du mal, &c. Si nous voulions y répondre, il faudroit (quel deshonneur !) recourir aux mêmes ſolutions qu'emploient les Théologiens ; ſolutions qui, ſi nous les donnions pour bonnes, renverſeroient nos grandes batteries contre l'Evangile. On ſe ſerviroit de nos propres armes pour nous combattre.

4°. Enfin, comment nous accorder ſur un Syſtème de Philoſophie ? Il y a parmi nous autant d'opinions que de têtes. Nous rejetons tous la Révélation ; mais, quant à la Religion Naturelle, les uns en prennent plus, les autres moins ; il en eſt même qui n'en veulent point du tout. Tant que l'on s'en tient à attaquer le Chriſtianiſme, tous s'accordent, tous s'avancent pour porter des coups. Mais je ſuppoſe, que le Roi de France fit aſſembler les plus Beaux-eſprits anti-chrétiens de Paris, & qu'il leur dît; » Donnez votre *Profeſſion de Foi*; je veux » juger, avec mon Conſeil, ſi votre Secte » eſt tolérable, ſi elle n'eſt point propre à » troubler l'Etat & à corrompre les mœurs. « Quelque injuſte que fût cet ordre, il ne laiſſeroit pas que d'embarraſſer ceux à qui il ſeroit intimé. Ils demanderoient la liberté de conférer entr'eux, & de tenir un Synode Philoſophique pour dreſſer leur *Confeſſion*; comme les Proteſtans d'Allemagne dreſſèrent la leur pour la préſenter à *Charlequin* & à la Diéte aſſemblée à *Augsbourg*. Suppoſons que l'on propoſât dans ce Synode de ſouſcrire aux 4 ou 5 points dont l'Auteur d'*Emile* a compoſé ſon plan de Religion naturelle, je doute que, ſur cinquante Pères de cette Egliſe Anti-chrétienne, il s'en trouvât deux qui admiſſent en entier le Symbole du Philoſophe de Genève. Point d'accord, encore, ſur ce qu'il faudroit ſupprimer, parce qu'on révolteroit, en allant juſqu'aux dernières extrémités, qui cependant pourroient, ſeules, fournir un point de réunion. Si l'on ſe déterminoit à forger une *Profeſſion de Foi*, qui ne ſeroit qu'un Acte ſimulé, qu'une démarche ſagement politique, dont on ſe moqueroit au fond du cœur, l'on ſe mettroit dans la néceſſité de n'attaquer aucun des Articles de cette *Profeſſion*, &, par-là-même, on porteroit un coup mortel à la *Philoſophie*.

Gardons-nous donc d'acquieſcer à la demande de nos Adverſaires. Cela ne feroit que jeter la diſcorde parmi nous, ou nous impoſer un joug, ou donner lieu à de rudes attaques. Il y auroit de la folie à nous enfermer dans une place, tant qu'il nous convient de n'être que *Troupes-légères*, & de courir la campagne, ſans être obligés de tenir ferme en aucun poſte.

Il ne ſera peut-être pas mal de montrer ici, par un *exemple*, à quoi nous nous expoſons, lorſque nous voulons ſortir du rôle d'*Aggreſſeurs*.

Après avoir prouvé, qu'il ne faut pas *fonder la Morale ſur la Religion*, l'Auteur du *Chriſtianiſme dévoilé* (qui devoit s'arrèter là) a hazardé d'avancer, » qu'il faut enſeigner » une Morale naturelle... qu'il ſuffit de dire, » que tout excès nuit à la conſervation de » l'homme, le rend mépriſable aux yeux de » la Société, eſt défendu par la raiſon, qui » veut que l'homme ſe conſerve, eſt inter- » dit par la nature, qui veut qu'il travaille » à ſon bonheur durable.... qu'il eſt facile » de prouver à tout homme, que ſon in- » térêt dans ce monde eſt de ménager ſa » ſanté, de reſpecter les mœurs, de s'attirer » l'eſtime de ſes ſemblables, enfin, d'être » chaſte, tempérant, vertueux. « Auſſi-tôt, un Partiſan de l'Evangile n'a pas manqué de mettre aux priſes notre Prédicateur de *Morale naturelle*, avec un homme livré à ſes paſſions, à qui il fait tenir ce langage.

» *Tout excès*, dites-vous, *nuit à la con- » ſervation de l'homme.* D'accord ; je puis » donc me permettre des plaiſirs de toute » eſpèce & aux dépens de qui il appartien- » dra, pourvû que j'évite tout excès nui-

» ſible à ma conſervation. Voilà déja bien » du terrein gagné. Avec un tempérament » fort & une ſanté robuſte, je n'ai pas beau- » coup à craindre les excès : on a vu des » débauchés vivre fort long-tems. D'ailleurs, » eſt-il clair que la Raiſon m'ordonne de » me conſerver ? Je n'entends point ce lan- » gage de la Raiſon. Que m'importe une » longue vie, s'il faut me la rendre déſa- » gréable par des privations continuelles ? Je » la veux courte & bonne. Entre deux eſ- » pèces de bien, il m'eſt permis de choiſir » celui qui me paroît préférable. *La Nature » veut que je travaille à mon bonheur durable* ? » Je le ſens très-bien ; mais dans une vie » ſi courte, y-a-t-il d'autre bonheur durable » que la continuité des plaiſirs ? N'eſt-ce » pas une folie de ſe les interdire, pour » ſe procurer quelques momens de plus dans » un avenir incertain ? La voix de la nature, » c'eſt mon penchant ; c'eſt elle qui me l'a » donné ; en le ſuivant, j'obéis fidellement » à la nature. *Je dois reſpecter les mœurs* ? » Quoi ! prendre pour ma régle les ſenti- » mens & la conduite des autres ? Sur quoi

» fondé ? En ſuivant leurs propres inclina-
» tions, ils ſont dirigés par la nature ; en
» ſatisfaiſant les miennes, je ſuis auſſi loua-
» ble qu'eux. Qu'ai-je beſoin d'une Loi
» étrangère, lorſque j'en ai une qui m'eſt
» propre, & qui me conduit sûrement à
» mon but ? Je n'exige point que l'on reſ-
» pecte mes mœurs ; je ne prétends point
» reſpecter celles des autres. *Je dois m'at-*
» *tirer l'eſtime de mes ſemblables ?* Soit ! Puis-
» je mieux mériter leur eſtime, qu'en obéiſ-
» ſant à la Loi impérieuſe de la nature, &
» en leur laiſſant la liberté de s'y conformer
» de même ? Si, par caprice, ils me la re-
» fuſent, faudra-t-il m'en inquiéter ? Peu
» m'importe ce que penſent les autres, quand
» je ſuis content de moi ! *Plaiſir* & *Liberté* ;
» voilà toute la Morale ! «

Je ne doute pas qu'on ne pût faire à tout cela des réponſes ; mais il eſt clair que le ſilence eût épargné, & la peine de les chercher, & le danger des repliques.

§. XI.

Nos Ecrivains, daignant se prêter à la foiblesse humaine, ont usé de plusieurs *Artifices*, pour répandre la *Vérité*. Je loue leur complaisance & leur adresse; mais je ne puis m'empêcher aussi de les blâmer de ce qu'ils ont, eux-mêmes, divulgué quelques-uns de leurs Secrets; & je les conjure d'être, à l'avenir, plus circonspects qu'ils ne l'ont été, par exemple, en rendant publique cette Observation. » Les *Renvois* « (dont on a fait un si grand usage dans ce fameux Dictionnaire, qui *sera l'étonnement des siècles*, comme l'a très-bien dit un de ceux qui y ont le plus travaillé) » Les *Renvois*, prévus de loin & » préparés avec adresse, ont la double fonc» tion de confirmer & de réfuter, de trou» bler & de concilier. L'Ouvrage entier en » reçoit une force interne, & une utilité » secrette, dont les effets sourds sont né» cessairement sensibles, avec le tems. Tou» tes les fois, par exemple, qu'un préjugé » national mérite du respect, nous l'expo» sons, à son article particulier, respectueu-

» ſement, avec tout ſon cortège de vraiſem-
» blance & de ſéduction ; mais nous renver-
» ſons l'édifice de fange, nous diſſipons un
» vain amas de pouſſière, en renvoyant aux
» Articles où des principes ſolides ſervent
» de baſe aux Vérités oppoſées. Cette ma-
» nière de détromper les hommes opère très-
» promptement ſur les bons eſprits ; & elle
» opère infailliblement & ſans aucune fâ-
» cheuſe conſéquence, ſecrettement & ſans
» éclat, ſur tous les eſprits. «

Plus l'artifice étoit heureux, plus il importoit de le laiſſer agir, ſans le faire connoître. Une Mine éventée ne produit pas ſon effet.

§. XII.

Quoiqu'il y ait lieu de nous féliciter du diſcrédit dans lequel tombe tous les jours la Religion Chrétienne, & des progrès de la *Philoſophie*, nos avantages ne ſont cependant pas encore tels, que nous puiſſions ne plus ménager les *Gouvernemens*. J'ai lu, avec peine, dans l'*Eſſai ſur les préjugés*, & dans le *Syſtême de la Nature*, les Paragraphes ſuivans, & plusieurs autres du même genre.

» Le Gouvernement, par-tout honteusement ligué avec la Superstition, appuie, » de tout son pouvoir, ses sinistres projets. » Séduite par des intérêts passagers, dans » lesquels elle fait consister sa grandeur & » sa puissance, la Politique se croit obligée » de tromper les Peuples, de les retenir » dans leurs tristes préjugés, d'anéantir dans » tous les cœurs le désir de s'instruire & » l'amour de la vérité. «

» Nous ne voyons sur la face de ce Globe » que des Souverains injustes, incapables, » amolis par le luxe, corrompus par la flat- » terie, dépravés par la licence & l'impunité, » dépourvus de talens & de vertus; indifférens » sur leurs devoirs, que souvent ils ignorent, » ils ne sont guères occupés du bien-être » de leurs peuples.... Intéressés à maintenir » les préjugés reçus, ils n'ont garde de » songer aux moyens de les guérir..... En » tout pays la Morale des Peuples est tota- » lement négligée, & le Gouvernement n'est » occupé que du soin de les rendre timides » & malheureux. «

Cela eft inconteftable ; mais il n'eft pas encore tems de le publier ; il fuffit, quant à préfent, de foulever l'*Etat* contre l'*Eglife*. Celle-ci une fois renverfée, nous verrons ce qu'il y aura à faire rélativement à l'*Etat*.

§. XIII.

Point d'artifice plus heureux, pour attirer à la Philofophie, que de publier, que le nombre de fes Difciples eft prodigieux, & de faire d'elle les peintures les plus raviffantes. Cela me paroît d'une telle évidence, que je ne comprens pas ce qui a pu porter l'Auteur de l'*Effai fur les préjugés* à faire ce Tableau du *Philofophe*. » Pour être *Philofophe*, » il faut aimer la Sageffe. Mais pour aimer » la Sageffe, il faut en connoître le prix. » Des hommes livrés au vice peuvent-ils » être regardés comme des Amis de la Sa» geffe ? Des mortels emportés par le tor» rent de leurs paffions, de leurs habitudes » criminelles, de la diffipation, des plaifirs, » font-ils bien en état de chercher la vé» rité, de méditer la nature humaine, de

» découvrir le Syſtème des mœurs, de » creuſer les fondemens de la vie ſociale ? » Non ; le déréglement ne ſera jamais la » ſuite de la vraie Philoſophie ; les égare- » mens du cœur & de l'eſprit ne paſſeront » jamais pour de la Sageſſe.... Le Philoſophe » prouve, par ſa conduite, la bonté de ſes » préceptes ; &c. «

Comment cet Auteur n'a-t-il pas vu, qu'il réduiſoit à un très-petit nombre les Diſciples de la Philoſophie ? Comment n'a-t-il pas ſenti, qu'en exigeant d'eux ce qu'un Curé de Village demande de ſes Ouailles, il feroit croire, qu'on gagne bien peu à ceſſer d'être *Chrétien*, pour ſe faire *Philoſophe* ?

Quel a encore été le but de cet Ecrivain, quand il a dit » L'arrogance des Philoſophes » a dû ſouvent dégoûter de la Philoſophie. » Ses Diſciples, fiers de leurs découvertes » réelles, ou prétendues, ont quelquefois » montré leur ſupériorité, d'une façon hu- » miliante pour leurs Concitoyens. Des per- » ſonnes atrabilaires ont révolté les hommes » par leurs mépris inſultans, & n'ont fait

» que leur fournir des motifs pour s'attacher
» plus opiniâtrément à leurs erreurs, &
» pour décrier les Médecins & les remè-
» des. «

Cela n'eſt que trop vrai; mais pourquoi le publier? L'exemple des Théologiens ne devroit-il pas nous inſtruire? En ſe décriant les uns les autres, n'ont-ils pas fait tomber la Théologie dans un mépris dont elle ne peut ſe relever? N'eſt-il point à craindre, que le titre de *Philoſophe* ne ſoit, bientôt, comme celui de *Théologien*, une groſſe injure?

Je n'ai pas lu avec moins de déplaiſir, dans le *Syſtême de la Nature*, cet étrange Paragraphe. » Bien des gens renoncent aux pré-
» jugés reçus, par vanité, ou ſur parole;
» ces prétendus eſprits-forts n'ont rien exa-
» miné par eux-mêmes; ils s'en rapportent
» à d'autres qu'ils ſuppoſent avoir peſé les
» choſes plus mûrement. Ces ſortes d'Incré-
» dules n'ont donc point d'idées certaines;
» peu capables de raiſonner par eux-mêmes,
» à peine ſont-ils en état de ſuivre les rai-
» ſonnemens des autres. Ils ſont irréligieux
» de la même manière que la plûpart des

» hommes ſont religieux, c'eſt-à-dire, par » crédulité, comme le peuple, ou par » intérêt, comme le Prêtre. Un Volup- » tueux, un débauché enſeveli dans la » crapule, un ambitieux, un intrigant, un » homme frivole & diſſipé, une femme dé- » réglée, un bel-eſprit à la mode, ſont-ils » donc des perſonnages bien capables de ju- » ger d'une religion qu'ils n'ont point appro- » fondie, de ſentir la force d'un argument, » d'embraſſer l'enſemble d'un Syſtême? «

J'accorde tout cela; mais comment un Philoſophe ſe porte-t-il à de tels aveux? Pourquoi ne pas faire honneur à l'Incrédulité, de ceux-là même qui ne l'embraſſent pas par connoiſſance de cauſe? Pourquoi lui diſputer les *voluptueux*, les *ambitieux*, les *intrigans*, les *débauchés*, les *femmes déréglées*, les *hommes frivoles & diſſipés*, les *beaux-eſprits*, & tous ceux qui ſont *incrédules par vanité ou ſur parole?* Pourquoi nous réduire à un ſi petit nombre? Le nombre ne fait-il pas autorité? Qui ne croiroit que quelque Théologien a fait inſérer, frauduleuſement, ce Paragraphe, dans le *Syſtême de la Nature?*

J'espère qu'il ne se trouvera pas dans une seconde Edition.

§. XIV.

Il nous convient, à tout prix, d'attirer à la *Philosophie* les jolies femmes; &, en particulier, de nous ménager la faveur de ces Présidentes de Bureaux-d'esprit, qui ont la manie de protéger, & qui, dans les grandes Villes, se chargent de faire aux Etrangers les honneurs de la Nation. Quoique la Satyre les traite, avec raison, de *Caillettes*, & que nous nous en amusions nous-mêmes, dans le particulier, leur suffrage me paroît d'autant plus précieux qu'il entraîne toujours celui du Cercle, où elles exercent leur Présidence. Je les croirois même plus utiles aux progrès de la *Philosophie* que les Courtisannes du grand-air, quoique celles-ci, peut-être, fussent plus naturellement encore les alliées des Philosophes, par de certaines considérations, faciles à imaginer, & sur-tout, par la reconnoissance qu'elles doivent à l'Auteur du Livre *de l'Esprit*, qui a eu l'art de se concilier leur amitié, en les mettant fort au-dessus du Vulgaire des honnêtes femmes.

Parmi les moyens d'attirer sous nos étendarts le Sexe, & sur-tout, le Sexe bel-esprit, le plus infaillible est de piquer son amour-propre & sa vanité. Je connois quelques Dames, qui affichent l'irréligion la plus complette, depuis que l'Auteur du *Système de la Nature* a, très-ingénieusement, avancé, que *la foiblesse de l'organisation & en particulier du genre nerveux* ne permet pas aux femmes de s'élever jusqu'à l'*Athéisme*. Je ne serois point étonné que ce seul mot fit cesser l'épidémie des *maux de nerfs* & des *vapeurs*.

§. XV.

Un moyen infaillible de nous faire des partisans, c'est de combler d'éloges ceux qui pensent comme nous. L'Auteur du *Système de la Nature* a fait le plus grand usage de ce *Moyen*. A chaque page il exalte le courage & la force d'ame de ceux qui, se défiant des opinions de l'enfance, pensant par eux-mêmes, arrivent à ce haut point de sagesse, qui consiste à *mettre la nature à la place de cet Agent invisible, que la crainte & l'ignorance ont enfanté, & dont l'intérêt & l'imposture ont, jusques à présent, soutenu l'existence.* Il appelle ces hommes-là, des hommes *rares*, des *Génies*, des *Etres privilégiés*; il les flatte, il les caresse, il se les attache par les protestations de l'estime la plus profonde & de l'amitié la plus cordiale. D'un autre côté, il déclare que tous ceux qui ont le malheur de ne pas ressembler à ces *êtres privilégiés*, sont des *Enthousiastes épris de leurs rêveries*, des *Superstitieux nourris de mélancolie*, des *hommes vains, gonflés de leur ignorance présomptueuse*, des *raisonneurs de mauvaise foi*, &c. &c. Et (ce que j'ai sur-tout admiré) le ton affirmatif & tranchant, dont il soutient toutes ces assertions, doit en imposer autant que les assertions elles-mêmes.

Et avec quelle douce, quelle mielleuse éloquence, n'invite-t-il pas ses *Lecteurs* les plus renitens, à venir à lui! » Non, » Mortels, aveuglés par la terreur! L'ami » de la Nature n'est point votre ennemi; » son Interprète n'est point le Ministre du mensonge

» mensonge ; le Destructeur de vos fantômes
» n'est point le Destructeur des vérités né-
» cessaires à votre bonheur ; le Disciple de
» la Raison n'est point un insensé qui cher-
» che à vous empoisonner ou à vous com-
» muniquer un délire dangereux. . . . . Osés
» donc écouter sa voix, bien plus intelligi-
» ble que ces oracles ambigus que l'impos-
» ture vous annonce au nom d'une Divinité
» captieuse, qui contredit sans cesse ses pro-
» pres volontés. «

Comment résister à de si touchantes peintures ! Comment se refuser à de si attrayantes invitations !

J'avoue, cependant, que je crains que cet Auteur ne se soit trop pressé, en voulant combler, presque tout-à-coup, l'intervale entre le Théisme & l'Irréligion absolue. Je sais qu'il falloit, tôt-ou-tard, en venir là ; que nos Principes philosophiques conduisent naturellement à l'*Athéisme* ; mais, peut-être, eût-il fallu ne pas se lasser si vite d'exalter la Religion naturelle ; peut-être eût-il été à-propos de parler, encore pendant quelque tems, d'un Dieu si grand, si majestueux, qu'il ne ſe mèle point de ce qui ſe paſſe ſur notre grain de ſable ; c'eſt-à-dire, d'un Dieu, tel que ceux d'*Epicure*, qui n'en eſt pas un pour nous ; peut-être eût-il convenu de mettre en problême l'exiſtence d'un Dieu ; de paroître la défendre, en la renverſant ; ou de ne la nier que d'une manière couverte ; peut-être eût-il été prudent de ne pas ſe contenter de dire, qu'*un Peuple d'Athées peut ſubſiſter & fleurir*, mais de publier le *Code de Loix*, qui ſeroit ſubſtitué à la Religion, & qui la rendroit, évidemment, ſuperflue ; peut-être, en un mot, eût-il été ſage de préparer un peu mieux les eſprits, & de les diſpoſer à l'*Athéïſme*, parceque, comme le remarque l'Auteur lui-même, (aſſez mal-à-propos, à ce qu'il me ſemble) *pour bien des gens, leur ôter les idées de Dieu, ce ſeroit leur arracher une portion d'eux-mêmes, les priver d'un aliment habituel, les plonger dans le vuide, & forcer leur eſprit inquiet à périr faute d'exercice.*

Ma crainte, que l'Auteur du *Syſtême de la Nature* n'ait agit avec trop de précipitation, me paroit d'autant mieux fondée, que l'Ecrivain le plus lû & le plus écouté dans ce Siècle, loin d'inviter à l'*Athéïsme*, en a parlé, depuis très-peu de tems, avec une espèce d'horreur.

» Le Sénat de Rome « dit-il (*Dict. Phil.* au mot *Athée*) » étoit presque tout composé » d'Athées de théorie & de pratique, c'est-» à-dire, qui ne croyoient ni à la Provi-» dence ni à la Vie future ; ce Sénat étoit » une Assemblée de Philosophes, de volup-» tueux, d'ambitieux, tous très-dangereux, » & qui perdirent la République. L'Epicu-» réïsme subsista sous les Empereurs ; les » Athées du Sénat avoient été des Factieux » dans les tems de *Sylla* & de *César* ; ils fu-» rent sous *Auguste* & *Tibère* des Athées » Esclaves. Je ne voudrois pas avoir à faire » à un Prince Athée, qui trouveroit son » intérêt à me faire pîler dans un mortier ; » je suis bien sûr que je serois pilé. Je ne » voudrois pas, si j'étois Souverain, avoir » à faire avec des Courtisans Athées, dont » l'intérêt seroit de m'empoisonner ; il me » faudroit prendre, au hazard, du contre-» poison tous les jours. Il est donc absolu-» ment nécessaire pour les Princes & pour les

» Peuples, que l'idée d'un Etre Suprême, créa-
» teur, gouverneur, rémunérateur & vengeur,
» soit profondément gravée dans les esprits. «

» L'Athée (*Homélie sur l'Athéïsme*) four-
» be, ingrat, calomniateur, brigand, san-
» guinaire, raisonne & agit conséquemment,
» s'il est sûr de l'impunité de la part des
» hommes. Car s'il n'y a point de Dieu,
» ce monstre est son Dieu à lui-même ; il
» s'immole tout ce qu'il désire, ou tout ce
» qui lui fait obstacle ; les prières les plus
» tendres, les meilleurs raisonnemens ne
» peuvent pas plus sur lui que sur un loup
» affamé de carnage...... Il est *démontré*,
» que l'Athéïsme peut, tout-au plus, laisser
» subsister les Vertus sociales dans la tran-
» quille apathie de la vie privée ; mais qu'il
» doit porter à tous les crimes dans les
» orages de la vie publique. Une Société
» particulière d'Athées, qui ne se disputent
» rien, & qui perdent doucement leurs jours
» dans les amusemens de la volupté, peut
» durer quelque tems sans trouble ; mais si
» le monde étoit gouverné par des Athées,
» il vaudroit autant être sous l'Empire im-

» médiat de ces Etres infernaux, qu'on nous » peint acharnés contre leurs victimes. «

Après des ſorties auſſi vigoureuſes & auſſi récentes, de la part d'un homme qui n'eſt rien moins que ſuperſtitieux, & dont le nom ſeul fait autorité, je demande, ſi c'étoit le moment de prêcher, à découvert, l'*Athéïſme*? Je conviens, que le *Syſtême de la Nature* (malgré ſes contradictions, ſes redites, ſes longueurs & ſes déclamations) eſt écrit de manière à faire goûter la doctrine qu'il annonce. L'Auteur, outre les Artifices que j'ai déja fait remarquer, annonce, qu'il va attaquer, dans leur ſource, des préjugés dont le Genre-humain a toujours été la victime; qu'il va découvrir la Vérité aux mortels, & leur montrer ſes charmes. Il exalte enſuite, avec beaucoup d'art & d'élégance, la *Nature* & ſes *propriétés*. Il peint le calme, la ſérénité, le bien-être d'un homme délivré du joug inſupportable d'un Dieu toujours prêt à écraſer les mortels dans ſa colère. Il perſonnifie la *Nature* & lui fait tenir le langage le plus tendre, j'ai preſque dit, le plus doucereux. Il proteſte (peut-être un peu trop ſouvent) de la droiture de ſes vues, du zèle dont il brûle pour la *Vérité*, & pour le bonheur du Genre-humain. Il déclare, humblement, qu'il ſeroit ſatisfait, quand il ne feroit qu'un ſeul heureux, c'eſt-à-dire, qu'un ſeul *Athée*, pourvû que ce fût *une ame honnête*. Il donne l'*Athée* pour le *penſeur le plus profond*, le *génie le plus hardi*, l'*ami le plus vrai de l'humanité entière*. Il fait honte à ces *Déiſtes* puſillanimes, (qu'il auroit dû, peut-être, un peu plus ménager) qui, après avoir mis ſous leurs pieds les préjugés les plus groſſiers du Vulgaire, n'oſent point remonter juſqu'à la ſource, & citer Dieu même au tribunal de la Raiſon. Pour lui, fort éloigné de reſter en ſi beau chemin, à l'exemple du philoſophe *Diagoras*, il brave fièrement la Divinité; il l'invite à le foudroyer; il donne ainſi caution de ſon intrépidité à croire, que cette Divinité n'eſt qu'un être de raiſon, une chimère. Enfin, il ſe montre à ſes *Lecteurs*, foulant à ſes pieds les fantômes dont le Vulgaire eſt tourmenté, contemplant, du haut de ſon rocher, les orages que les Dieux excitent ſur la terre, présentant une main secourable à ceux qui veulent l'accepter, les encourageant de la voix, &, dans la chaleur de son ame attendrie, adressant à la *Nature*, (tout incapable qu'elle est de l'entendre) en faveur de l'homme, une longue & fervente prière.

Tout cela est, sans contredit, très-adroit, très-oratoire, très-pathétique; mais, je le répéte, le moment ne me paroît pas favorable; & ce que j'apperçois ne me confirme que trop dans cette pensée. Le *Systême de la Nature* est à-peine connu (†), & l'on en parle comme d'un Ouvrage abominable, qui sappe la Vertu par ses fondemens, qui déchaîne toutes les passions, qui relâche ou brise tous les liens de la Société, qui ne va pas moins qu'à en faire le plus affreux brigandage, qui porte le découragement & le désespoir dans toutes les ames honnêtes; &c. &c. Et ce ne sont pas seulement des *Sots* & des *Prêtres* qui, par ignorance, ou par intérêt, se livrent à ces clameurs; ce

(†) La première Edition de la *Confidence Philosophique* parut en 1771.

ſont des hommes d'eſprit, de génie, qui, quoique cent-fois plus éloignés du bigotiſme que de l'irréligion abſolue, ne paroiſſent pas moins révoltés que s'ils étoient les meilleurs Chrétiens du monde.

Au reſte, il eſt poſſible que toutes ces clameurs ne ſoient que l'effet de la ſurpriſe; & ſi je fais tort à mon Siècle, en penſant que, quoique très-avancé, il ne l'eſt cependant pas au point de pouvoir être élevé juſqu'à l'*Athéïſme*, je lui ferai, avec grand plaiſir, la réparation la plus éclatante.

§. XVI.

Il eſt auſſi fâcheux qu'incompréhenſible, que le Chriſtianiſme compte parmi ſes Défenſeurs un *Newton*, un *Locke*, un *Grotius*, un *Paſcal*, un *Barow*, un *Clarke*, un *Leibnitz*, un *Boſſuet*, un *Addiſſon*, & d'autres perſonnages illuſtres, dont le nom ſeul forme un préjugé en faveur de l'Evangile. Il nous importe extrêmement d'affoiblir l'autorité de ces hommes-là par tous les moyens imaginables. La *Lettre* de Mylord *Bolingbrock* ſur

Grotius me paroît un modéle en ce genre. Après avoir remarqué, qu'on a vu d'excellens Conſeillers de Loi ſoutenir de mauvaiſes Cauſes, Mylord convient, à la vérité, que *Grotius* étoit ſavant, mais, il affirme, qu'il l'*étoit de cette pédanterie qui entaſſe beaucoup de faits & qui poſſéde quelques langues étrangères.* Il déclare, que ſon *Traité de la Vérité de la Religion Chrétienne* eſt *ſuperficiel, ſec, aride, auſſi pauvre en raiſonnemens qu'en éloquence, ſuppoſant toujours ce qui eſt en queſtion, & ne le prouvant jamais.* (*Jamais*, eſt un peu fort.) Il le badine très-agréablement ſur ce qu'il dit, au *Chapitre vingt-deuxième* de ſon premier *Livre* » que l'embraſement de l'Univers étoit annoncé dans » *Hiſtape* & dans les *Sibylles*; « & ſur ce qu'il cite, au *Chapitre* 16ème. » un mauvais » Poëte Grec, *Licophron*, ſelon lequel *Hercule* demeura trois jours dans le ventre » d'une Baleine. « Mais, ce que j'ai ſur-tout admiré, c'eſt l'adreſſe ſingulière avec laquelle *Mylord* rappelle à ſes Lecteurs deux *Tragédies* de ce Batave, *Joſeph* & *Sophonphonée*, qui ne peuvent que donner à tout homme non prévenu, l'idée la plus désavantageuse de ses raisonnemens en faveur du *Christianisme*.

Je souhaiterois fort qu'il parût quelque *Brochure*, dans ce goût là, sur l'Auteur d'un Livre intitulé, *Recherches Philosophiques sur les Preuves du Christianisme*. On m'écrit, que ce nouvel Avocat de l'Evangile (*Charles Bonnet*) passe pour *grand Naturaliste*, *bon Logicien*, *Métaphysicien profond*, & que sa célébrité donne un prodigieux crédit à son Ouvrage. J'ignore, s'il n'a point embrassé, dans ses autres *Ecrits*, quelque Hypothèse absurde, s'il n'a point cité quelque mauvais Poëte Grec ou Latin, s'il n'a point fait quelque Tragédie de mauvais goût; mais il me paroîtroit fort étrange, qu'il n'eût rien du tout fourni en ce genre, dont on pût se servir pour décréditer ses *Recherches*.

S'il nous convient de dépriser les *Grotius* & les *Bonnet*, il ne feroit pas mal aussi d'exalter les Auteurs Chrétiens, dont les Ecrits sont si mauvais, si plats, si dégoûtans, qu'ils ruinent la Cause qu'ils défendent. Je voudrois, par exemple, encourager par des éloges, & s'il étoit possible, par quelque récompense, une Madame *****, à enfanter encore quelques *Rapsodies* aussi fastidieuses que ses *Américaines.* Je sens, au moins, que si j'étois tenté de me faire Chrétien, de pareils pots-pourris m'en dégoûteroient pour toujours.

Il est encore quelques moyens de faire perdre aux Défenseurs du Christianisme un crédit nuisible à notre Cause. On peut, par exemple, affirmer, dans l'occasion, que *Bossuet* (qu'on ne manquera pas de marier avec Mademoiselle *Desvieux*) sçavoit s'élever, en homme de génie, au-dessus des chimères qu'il défendoit, en Théologien; —— que *Locke*, *Clarke* & *Addisson* moururent désabusés sur le compte de l'Evangile; —— qu'on peut prouver, que *Fontenelle* n'a voulu parler que des dernières années de *Newton*, (temps où l'esprit baisse) quand il a dit de ce grand-homme » Il ne s'en tenoit pas » à la Religion naturelle, il étoit persuadé » de la *Révélation;* & parmi les Livres de » toute espèce qu'il avoit sans-cesse entre les » mains, celui qu'il lisoit le plus assidûment

» étoit la Bible. « —— que *Pafcal* n'avoit jamais lu l'Ancien Teftament tout entier ; & que fes *Penfées* annoncent un efprit qui fe reffentoit des infirmités habituelles de fon corps ; —— qu'on a de *Fénelon*, de *Bourdaloue* & de *Maffillon*, de petits Couplets, qu'ils chantoient quelquefois à leurs amis, & qui refpirent l'Epicuréïfme ; —— que l'*Abbé de Houtteville* vécut long-temps avec un Cardinal un peu fufpect dans fes voluptés, & enfuite, avec un certain *Traitant*, qui avoit un fort joli Sérail. J'ai remarqué, que plus on avance de ces faits fans aucune preuve, plus on en impofe par la hardieffe même de l'affertion.

J'obferverai, en paffant, que j'ai été furpris de lire, dans la Lettre de *Bolingbrock*, à la fin de fon *Examen Important*. » C'eft une » chofe bien fingulière, que *Pafcal* & *Abadie*, » les deux Défenfeurs de la Religion-Chré- » tienne, que l'on cite le plus, foient tous » deux morts foux. « Il me femble, qu'il eût été bien plus fingulier, que ces deux hommes, après avoir donné de grands fignes de folie, en défendant avec tant de chaleur le

Chriſtianiſme, ne fuſſent pas morts enfin dans la plus complette démence.

Quant aux Auteurs, de nos jours, qui ont de la réputation, & qui, par je ne ſais quel travers, ſont ennemis de la *Philoſophie*, je vois qu'on a pris le parti de décocher contr'eux, de tems en tems, quelques petites Brochures anonymes, d'un ſel bien âcre & bien corroſif. Ce moyen a paſſablement réuſſi contre cet Ecrivain audacieux, qui a, le premier, ſonné le tocſin contre nous, & qui ſemble avoir emprunté, pour nous attaquer, les armes de *Lucien*, de *Juvénal* & d'*Ariſtophane*. A force d'anecdotes ſcandaleuſes, imaginées très-heureuſement pour le décrier; à force d'horreurs plaiſamment écrites, on eſt preſque venu à bout de rendre ſes talens ſuſpects, & d'anéantir l'impreſſion que pouvoient faire ſes *Petites Lettres ſur de grands Philoſophes*, & ſes pernicieuſes *Comédies*. J'avoue cependant que je goûte médiocrement cette reſſource des Libelles, quelque facétieux qu'ils puiſſent être. Je craindrois qu'elle n'inſpirât quelques préjugés contre la *Philoſophie* à ceux qui ne diſtinguent pas aſſez préciſément, une calomnie utile, d'avec une calomnie ſans motif. Je voudrois, du moins, qu'on ne fit uſage de cet expédient qu'à la dernière extrémité, & qu'on prît bien garde de ne rien avancer de trop contradictoire & de trop abſurde. Je ſouhaiterois auſſi, que nous ne montraſſions pas un acharnement trop opiniâtre contre nos Adverſaires, de crainte d'affoiblir, par là, les coups que nous portons à la Perſécution & aux Perſécuteurs. Je m'apperçois déja qu'on parle du *Fanatiſme Philoſophique*, & que l'on ſoupçonne qu'il pourroit un jour égaler le *Fanatiſme Religieux*, ſi nous étions les plus forts.

§. XVII.

J'ai ſur le cœur pluſieurs paſſages de l'*Eſprit des Loix*, que les Défenſeurs du Chriſtianiſme étalent dans tous leurs ouvrages, & qui en impoſent aux ſots. En voici quelques-uns.

» La Religion Chrétienne, qui ordonne
» aux hommes de s'aimer, veut ſans doute

» que chaque peuple ait les meilleures Loix » politiques & les meilleures Loix Civiles, » parce qu'elles sont, *après elle*, le plus » grand bien que les hommes puissent donner » & recevoir. «

» Dire que la Religion n'est pas un motif » réprimant parce qu'elle ne réprime pas » toujours, c'est dire que les Loix Civiles » ne sont pas un motif réprimant non plus. » C'est mal raisonner contre la Religion, de » rassembler dans un grand Ouvrage une » longue énumération des maux qu'elle a » produits, si l'on ne fait de même celle » des biens qu'elle a faits; &c. «

» Chose admirable! La Religion Chrétienne » qui ne semble avoir d'objet que la félicité » de l'autre vie, fait encore notre bonheur » dans celle-ci! «

» Mr. *Bayle*, après avoir insulté toutes les » Religions, flétrit la Religion Chrétienne. » Il ose avancer que de véritables Chrétiens » ne formeroient pas un Etat qui pût sub- » sister. Pourquoi non? Ce seroient des Ci- » toyens infiniment éclairés sur leurs de- » voirs, & qui auroient un très-grand zèle

» pour les remplir ; ils ſentiroient très-bien
» les droits de la défenſe naturelle ; plus ils
» croiroient devoir à la Religion, plus ils
» penſeroient devoir à la Patrie ; &c. «

» Si je pouvois un moment ceſſer de pen-
» ſer que je ſuis Chrétien, je ne pourrois
» m'empêcher de mettre la deſtruction de la
» Secte de *Zénon* au nombre des malheurs
» du genre-humain. « *Liv.* 24. *Ch.* 1. 2. 3. 6. 10.

Si l'*Eſprit des Loix* avoit paru dans le quatorzième ou le quinzième *Siècle*, on eſſaieroit de perſuader, que ces paſſages ne ſont point du grand *Monteſquieu*, & qu'ils ont été inférés dans ſon Ouvrage, par une de ces fraudes pieuſes, dont on citeroit pluſieurs exemples ; mais cette reſſource nous eſt abſolument fermée. Je crois donc qu'il ne ſeroit pas mal-adroit de faire & de répandre, parmi nos amis, deux ou trois Editions de l'*Eſprit des Loix*, datées de l'année où parut la première, dans leſquelles ces étranges paſſages ſeroient, ou changés, ou totalement ſupprimés. Au moyen de cela, on pourroit ſe flatter, qu'au commencement, ou au milieu

milieu du dix-neuvième Siècle, ſi la Religion Chrétienne n'eſt pas balaiée de deſſus la terre, nos Ecrivains rendroient fort ſuſpecte l'Authenticité de ces paſſages, & affoibliroient par là l'impreſſion qu'ils peuvent faire. Pourquoi n'employerions nous pas, pour détruire le Chriſtianiſme, les moyens dont nous accuſons ſes partiſans d'avoir uſé pour le répandre? C'eſt, d'ailleurs, un ſervice eſſentiel à rendre à l'Auteur de l'*Eſprit des Loix*, que d'effacer une tache dont ſa réputation ſeroit éternellement couverte.... » *Si je pouvois un moment ceſſer de penſer que* » *je ſuis Chrétien.* « Eſt-ce plaiſanterie? Je ſuis fort tenté de le croire, pour l'honneur de ce grand homme. Quant à ce qu'on lui fait dire, dans ſon lit de mort » qu'il re» gardoit la Révélation comme le plus beau » préſent que Dieu pût faire aux hommes « nous ne devons pas nous en inquiéter, parce que Madame la Ducheſſe d'*Aiguillon*, qui prétend l'avoir entendu, n'eſt, après tout, qu'une femme.

Je voudrois encore, que l'on pût enlever des *Oeuvres de Mylord Bolingbrock* (Edit. in-

4°.) plusieurs passages qui affoiblissent, s'ils ne détruisent pas entièrement, tout ce qu'il a écrit contre le Christianisme. Voici les principaux.

» Aucun Système plus simple & plus clair » que celui de la Religion naturelle, tel qu'il » se trouve dans l'*Evangile.* «

» Le Christianisme, tel qu'il est dans » l'Evangile, contient non-seulement un » Système complet de Religion, mais encore » un Système simple & clair. C'est, dans » le vrai, le Système de la Religion Natu- » relle ; & il l'auroit toujours été, au » grand avantage du genre-humain, s'il avoit » toujours été répandu avec la même sim- » plicité avec la quelle Jésus lui-même l'avoit » prêché. «

» En supposant que le Christianisme ait » été une invention des hommes, ça été » l'invention la plus utile pour le Genre- » humain qui pût jamais être imaginée. «

» Le Christianisme, tel qu'il est sorti des » mains de Dieu, si je puis m'exprimer » ainsi, étoit une Régle de Foi, de Culte » & de Mœurs, simple & intelligible ; ce

» qui forme la vraie notion de la Religion. » Dès que les hommes osèrent y ajouter » quelque chose, l'alliage humain corrompit » cette divine masse, & le Christianisme de- » vint l'objet d'une Science vaine, embrouil- » lée & contentieuse. «

» Les vues politiques de *Constantin*, en » établissant le Christianisme, étoient de » s'attacher plus fortement, & à ses Suc- » cesseurs, les Sujets de l'Empire; de lier » les différentes Nations dont il étoit com- » posé, en leur donnant une Religion qui » leur fût commune; d'adoucir la férocité » des Soldats; de réformer la licence qui » régnoit dans les Provinces; &, en inspi- » rant un esprit de modération & de sou- » mission au Gouvernement, d'éteindre ces » principes d'avarice, d'ambition, d'injus- » tice & de violence, qui donnoient nais- » sance à tant de factions, & qui trou- » bloient, si souvent, & d'une manière si » funeste, la tranquillité de l'Empire. «

» C'est injustement que l'on met les Per- » sécutions sur le compte du Christianisme; » elles sont dûes, non pas à l'Evangile,

» mais aux Systèmes que l'on a bâtis sur lui ; » non pas aux Révélations de Dieu, mais » aux Inventions des hommes. «

» Le Système Chrétien, de *Foi* & de *Pra-* » *tique*, a été révélé par Dieu même, & il » est aussi absurde qu'impie d'affirmer, que » la Sagesse divine (*the divine Logos*) l'a » révélé d'une manière incomplette & impar- » faite. Sa simplicité & sa clarté prouvent, » qu'il étoit fait pour être la Religion du » Genre-humain, & démontre, en même- » tems, la divinité de son origine. « Vol. IV. p. 290. 316. 394. 395. 433. 313. 451.

Quel plus grand éloge pourroit-on faire du Christianisme, que de le peindre comme le *Système de Religion naturelle*, *le plus simple*, *le plus clair*, *le plus parfait* ; comme *l'Invention la plus utile au Genre-humain* ; comme *la Doctrine la plus propre à éteindre les principes d'avarice*, *d'ambition*, *d'injustice & de violence* qui troublent l'ordre & la paix de la Société ; &c. ? Il faut, absolument, trouver quelque moyen d'enlever tout cela des Ecrits d'un de nos plus célèbres *Philosophes*. Je soupçonne qu'il a fourni de telles armes contre lui-même, dans ces momens où l'esprit affoibli par les plaiſirs des ſens, ne peut s'élever au-deſſus des opinions vulgaires; & il y a lieu de croire que Mylord ſe trouvoit ſouvent dans ces momens-là. Le Lord *Cheſterfield* aſſure » que les paſſions de *Bolingbrock*, » toujours impétueuſes, étoient ſouvent » pouſſées juſqu'à l'extravagance; que ſon » imagination, comme ſes ſens, s'exaltoit » & s'épuiſoit ſouvent avec les Idoles de » ſes plaiſirs nocturnes, & que ſes débauches » de table pouvoient être comparées à la » frénéſie des Bacchanales. «

§. XVIII.

Il ſemble, d'abord, qu'une *Préface*, dans laquelle un Auteur prend un ton d'Oracle, ſoit plus propre à indiſpoſer le *Public*, qu'à concilier ſa faveur; cependant, comme l'expérience à démontré que nos Philoſophes ont très-bien vu, que l'on ſubjugue ce *Public* par les moyens mêmes qui ſembleroient devoir le révolter, j'invite nos Ecrivains à faire violence à leur modeſtie, en modélant leurs *Préfaces* ſur celles que je vais tranſcrire.

Préface des *Penſées ſur l'Interprétation de la Nature.*

» Jeune homme, prens & lis ! Si tu peux
» aller à la fin de cet Ouvrage, tu ne ſeras
» pas incapable d'en entendre un meilleur.
» Comme je me ſuis moins propoſé de t'*inſ-*
» *truire*, que de t'*exercer*, il m'importe peu
» que tu adoptes mes idées, ou que tu les
» rejettes, pourvû qu'elles emploient toute
» ton attention. Un plus habile t'apprendra
» à connoître les forces de la Nature ; il
» me ſuffira de t'avoir fait eſſayer les tiennes.
» Adieu ! «

Préface des *Penſées Philoſophiques.*

» J'écris de Dieu ! Je compte ſur peu de
» Lecteurs, & n'aſpire qu'à quelques ſuffra-
» ges. Si ces penſées ne plaiſent à perſonne,
» elles pourroient n'être que mauvaiſes ;
» mais je les tiens pour déteſtables, ſi elles
» plaiſent à tout le monde. «

Une attention qu'il faut avoir, en affrontant ainſi le Public, c'eſt de varier la tournure des Apoſtrophes.

Au défaut d'une *Préface* inſultante, il y a une autre manière d'en impoſer au Public, qu'il ne faut pas négliger. Elle conſiſte à faire de ſon propre Ouvrage les plus grands éloges, en les mettant ſur le compte des *Editeurs*, & en y joignant quelques phraſes, ou quelque *prière*, qui annoncent un brûlant déſir d'être utile au Genre-humain. *Modèle.*

» Nous donnons « diſent les Editeurs de l'*Examen important* de Mylord *Bolingbrock* » une nouvelle Edition du Livre le plus » éloquent, le plus profond & le plus fort » qu'on ait encore écrit contre le Fanatiſme. » Nous nous ſommes fait un devoir devant » Dieu de multiplier ces ſecours contre le » Monſtre qui dévore la ſubſtance d'une » partie du Genre-humain.... Grand Dieu, » protégés les Sages, confondés les délateurs » & les perſécuteurs! «

Dans nos *Préfaces*, diſons encore, d'une manière tranchante, & à pluſieurs repriſes, qu'aujourd'hui la *Vérité* ne ſe trouve que dans les Ecrits dont nous gratifions le Public. C'eſt un des ſages *Moyens* qu'a employé l'Auteur du Livre *de l'Homme & de ſon l'Education.* » L'amour des hommes & de la *Vérité* m'a » fait compoſer cet Ouvrage.... Ce n'eſt » plus maintenant que dans les Livres dé- » fendus que ſe trouve la *Vérité.* La plûpart » des Auteurs ſont dans leurs Ecrits ce que » les gens du monde ſont dans la conver- » ſation ; uniquement occupés d'y plaire, » peu leur importe que ce ſoit par des men- » ſonges ou des vérités.... C'eſt à la *Vérité* » que j'ai conſacré mon premier reſpect, & » ce reſpect donnera ſans doute quelque prix » à cet Ecrit. « De telles proteſtations (je ne ſais par quel preſtige) donnent, aujourd'hui, pour un Ouvrage, les préventions les plus favorables. Fions-nous-en à l'expérience.

Je ne puis m'empêcher d'ajouter ici, à l'occaſion de nos *Préfaces*, que j'ai trouvé de la mal-adreſſe dans celle de l'*Hiſtoire Critique de Jéſus-Chriſt.* L'Auteur annonce d'abord, qu'il va *examiner la Vie de Jéſus-Chriſt, ſans préjugés* ; & quelques lignes après cette annonce, il s'emporte contre les *Evangiles*; il déclare » qu'il y régne un désordre, » une obscurité, une barbarie de stile très-» propres à dérouter les ignorans & à re-» pousser les personnes éclairées; &c. « N'est-ce pas inviter ses Lecteurs à se défier de ce qu'il va leur dire? N'eût-il pas mieux valu, qu'il eût laissé paroître quelque prévention en faveur des *Evangiles*, afin que le mal qu'il en dit, dans le corps de l'Ouvrage, parût arraché par la Vérité même? C'est ce qui fait encore que je n'ai pas aimé, dans cette même *Préface*, les grossières injures qu'y vomit l'Auteur contre Jésus & les Apôtres; sur-tout, après avoir dit, lui-même, en autant de termes, que *des injures ne sont pas des raisons.*

§. XIX.

Je ne saurois assez recommander à nos Ecrivains de ramener fréquemment dans leurs Ecrits, les mots *Humanité*, *Bienveuillance universelle*, & tels autres de ce genre. (En écartant celui de *Charité*, qui est *chrétien.*)

Rien de plus propre que ces mots, ſemés çà & là, à apprivoiſer avec nos *Principes*, les perſonnes qu'ils pourroient d'abord alarmer. Un Auteur anonyme me fournit une autre raiſon d'inſiſter fortement ſur ce Conſeil. » Qu'un Philoſophe « dit-il » témoigne, » dans ſes Ecrits, à tout le Genre-humain, » l'affection la plus vive. Qu'il prenne le » titre ſublime de *Citoyen de l'Univers*. Qu'à » l'idée de l'*Eſpèce humaine* il s'extaſie & ré- » pande un torrent de larmes. C'eſt le pro- » pre du *Philoſophe*, qu'un *mot général*, une *idée* » *abſtraite* excite en lui la plus forte émotion, » tandis qu'un pauvre, étendu ſur le grand che- » min, n'en obtient qu'un coup-d'œil d'in- » différence ; car, abſorbé par l'idée des » maux qui affligent *l'Eſpèce entière*, la mi- » ſère *d'un ſeul homme* eſt trop peu de choſe » pour l'émouvoir. Les rélations même de » *Société*, de *Parenté*, d'*Amitié*, qui ont » tant de priſe ſur les cœurs vulgaires, & » rétréciſſent la Sphère de leurs ſentimens, » ont peu d'accès dans ſon ame, occupée » du bonheur de *toute l'humanité*. Si, dans » pluſieurs cas, il ſe montre dur, s'il écrit

» des Libelles, s'il tourne le dos à un ami » malheureux, on ne l'en estimera pas moins; » ses *Ecrits* témoignent, de reste, la tendre » affection qu'il porte à l'*Univers*; & quand » il immoleroit à son ressentiment une *cin-* » *quantaine d'Individus*, qu'est-ce que cela, » comparé à *huit cent millions d'hommes?* «

§. XX.

Dans des maladies dangereuses, ou même très-légères, on voit de nos Néophites, & quelquefois de nos Professeurs (Qui l'auroit cru? L'Auteur de l'*Homme machine*, & celui du *Christianisme dévoilé!*) cesser d'être plaisans, appeller des Prêtres, abjurer lâchement la *Philosophie*, & comme dit *Montagne*, » se revenir, & se laisser tout discrétement » manier aux créances & exemples publics. « *Sainthibal*, fameux Esprit-fort, (au rapport de *Bayle*) se plaignoit de ce qu'aucun homme de notre Secte n'avoit le *don de persévérance.* » Ils ne nous font point d'honneur « disoit-il » quand ils se voient au lit de » la mort; ils se dé-

» mentent ; ils meurent tous comme les au-» tres. « C'eſt, encore, ce qui faiſoit dire à *La Bruyère* : » L'on doute de Dieu dans » une pleine ſanté, comme l'on doute que » ce ſoit pécher que d'avoir un commerce » avec une perſonne libre : quand l'on de-» vient malade, & que l'hydropiſie eſt for-» mée, l'on quitte ſa Concubine, & l'on » croit en Dieu. Il faudroit s'éprouver & » s'examiner très-ſérieuſement, avant que » de ſe déclarer eſprit-fort ou libertin, afin, » au moins, & ſelon ſes principes, de finir » comme l'on a vécu, ou, ſi l'on ne ſe » ſent pas la force d'aller ſi loin, ſe réſou-» dre de vivre comme l'on veut mourir. «

Nos Adverſaires font de cette Apoſtaſie Philoſophique des ſujets de railleries & de triomphe. Un d'entr'eux vient même de propoſer, que d'honnêtes gens ſoient chargés de déclarer, tout ſimplement, la manière dont meurent les *Eſprits-forts* de leur Canton. » Les Bourgs « dit-il » enverroient leurs » Catalogues aux Villes voiſines ; celles-ci » à la Capitale de la Province ; la Capitale » de la Province à celles du Royaume, où

» l'on imprimeroit, par un Ordre Supérieur, » tous les ans, au mois de Janvier, cet » Almanach funèbre des *Salmonées* de la Na» tion. «

Comme il est possible qu'il se fasse un Etablissement de ce genre, chacun de nos *Frères* doit être fortement exhorté à imiter *Spinosa*, c'est-à-dire, à ne point consentir, dans des maladies, à voir aucun homme-d'Eglise, &, s'il en paroît quelqu'un, malgré lui, à faire bonne contenance, à plaisanter & à rire, en un mot, à se montrer *Philosophe* jusqu'à son dernier soupir. Peut-être ne seroit-il pas mal, que quelqu'un de nos Chefs dressât une *Formule d'Impénitence finale*, que nos Novices apprendroient par cœur, & qu'ils s'engageroient à réciter dans leur lit de mort. Au moyen de cela, l'Etablissement dont on nous menace, loin de nuire à notre Cause, ne serviroit qu'à la faire triompher.

Au surplus, s'il arrivoit encore que quelqu'un des nôtres eût la foiblesse de se démentir, dans une maladie, & que nos Adversaires en fissent trophée, ne manquons pas de leur opposer hardiment le Curé *Jean*

Mélier, qui demanda pardon à Dieu, dans son lit de mort, d'avoir enseigné le Christianisme. Cette fable a été très-plaisamment & très-heureusement imaginée.

Quant aux *Rétractations* faites en pleine santé par quelques-uns de nos Coryphées, pour se soustraire à la persécution, je sens bien qu'elles sont très-conséquentes à nos *Principes*, & qu'on ne peut pas exiger que nous fassions, à nos dépens, une guerre ouverte aux préjugés; cependant, comme *le sang des Martyrs fut pour l'Eglise une semence de Chrétiens*, je serois curieux de voir, si le sang de quelques Martyrs de la *Philosophie* ne seroit point aussi une *semence de Philosophes.*

Mais comme cette tentative pourroit n'être pas du goût de nos Amis, j'observerai, que, lorsque la prudence exigera que nous fassions un désaveu, il seroit très-adroit de faire sentir à nos prosélytes les moins intelligens, que ces *Rétractations* ne sont qu'un jeu, soit par une excessive exagération dans les termes, soit par quelques phrases d'une absurdité bien palpable. La *Rétractation* de l'Auteur du Livre *de l'Esprit* me paroit, en ce genre, un modèle unique. Avec un air d'autant-plus fin qu'on feroit tenté de le croire niais, il protefte que fi, malheureufement, il y a des erreurs dans fon Livre, il ne les a ni *foupçonnées*, ni *prévues*; qu'il l'a *donné avec confiance, parce qu'il l'a donné avec fimplicité.* Il fait, enfuite, la Confeffion de Foi la plus ample, & telle qu'un Capucin voudroit à-peine la figner. Il y déclare, qu'il profeffe le Chriftianifme, non-feulement dans toute la *rigueur de fa Morale*, mais encore, dans toute la *rigueur de fes Dogmes*, & qu'il fe fait gloire de lui foumettre toutes fes penfées, toutes fes opinions, & *toutes les facultés de fon être.* Je ne doute pas qu'en compofant cette facétie, M. **** ne l'ait fouvent interrompue par de grands éclats de rire. Je ne connois, du-moins, aucun Lecteur-philofophe qui n'en ait fenti l'excellent comique. Auffi les Libraires ne manquent-ils pas d'en enrichir, actuellement, toutes les Editions du Livre *de l'Esprit*, qui femble emprunter une nouvelle force de la gaieté de ce perfifflage.

§. XXI.

S'il étoit possible de former une Colonie de femmes & d'hommes, libres de tout préjugé religieux, & nourris de ces grands principes de la Philosophie moderne: *L'Ame est matérielle : Il n'y a point en l'homme de liberté : Intérêt & Vertu sont synonymes : Les remors sont le fruit des préjugés* : &c. Si, dis-je, il étoit possible de former une telle Colonie, & de la placer dans quelque lieu inhabité de l'Afrique ou de l'Amérique, je regarde comme démontré, qu'au bout de quelques années, les Rélations que l'on auroit de l'union, de la paix, de la prospérité, & du bonheur de ces nouveaux *Colons*, aideroient merveilleusement à anéantir l'*Evangile*, & à établir l'empire de la *Philosophie* par toute la terre.

Je remarquerai seulement, que, quelque fonds qu'on pût faire sur la manière de penser de ces *Envoyés*, il ne seroit pas mal, que l'on fit attention au Climat sous lequel ils seroient appellés à vivre ; & que l'on ne choisit que des personnes à l'abri du grand feu de la jeunesse, de la fougue du tempérament,

rament, & du délire des paſſions. On pourroit, peut-être, prendre encore quelques petites précautions, de ce genre, pour aſſurer pleinement le ſuccès de cette Expérience. Il ſeroit, par exemple, fort à déſirer, que l'Auteur du *Syſtême de la Nature* fut mis à la tête de cette Colonie Philoſophique ; mais il eſt trop utile, trop néceſſaire, dans l'Ancien Continent, pour qu'il convienne de l'inviter à paſſer dans le Nouveau. Ce grand homme ſeroit donc ſeulement prié de donner un *Code de Loix*, & un *Plan d'Education*, à l'uſage de la Colonie, travaillés avec le plus grand ſoin, & fondés ſur les ſublimes *Principes* qu'il a poſés dans ſon immortel Ouvrage. Il paroit qu'il a déja médité cet important ſujet, car il aſſure que » la *Mo-* » *rale* & la *Politique* pourroient retirer du » *Matérialiſme* des avantages que le Dogme » de la *Spiritualité de l'ame* ne leur fournira » jamais. « Quelque confiance que j'aie en ſes déciſions, je ne ſerois cependant pas fâché qu'il eût expoſé & démontré quelques-uns de ces avantages que le *Matérialiſme* pourroit procurer au Genre-humain.

L'établissement d'une telle Colonie seroit d'autant plus à désirer, qu'à l'abri de tout préjugé, on pourroit y faire une foule d'Expériences, qui donneroient de grandes lumières sur des Articles de la plus haute importance.

On pourroit y tenter, par exemple, d'exalter les Cerveaux, à force d'Opium, pour voir si, par cette opération purement méchanique, on parviendroit (ce qui est très-vraisemblable) à donner à l'ame la faculté de prévoir distinctement l'avenir. Par-là seroit expliqué à jamais l'importun phénomène de ces *Prophètes*, qu'on ne cesse de nous opposer.

On y répéteroit une Expérience que bien des gens révoquent en doute; c'est celle d'*Hoffman*, qui assure, qu'un homme stupide, ignorant, &, ce qu'il y a de plus singulier, incapable d'instruction, devint, en peu de tems, si sensé & si savant, après avoir pris de l'*Electuaire d'Anacarde*, qu'il obtint une *Chaire en Droit*. On expliqueroit par-là, comment des *Pêcheurs* & des *Péagers* de Judée purent devenir, tout-à-coup, des

Docteurs en Morale. De quel fâcheux Argument nous ſerions ainſi délivrés !

On y feroit l'eſſai de cette *Infuſion de Safran* que donnent, dit-on, les *Faquirs* & les *Bramines* à ces *Indiennes* qui ſe jettent ſur le bûcher où l'on brûle leurs maris, afin de leur inſpirer de la joie, à l'aſpect des flammes dont elles vont être dévorées. S'il eſt vrai qu'on puiſſe faire un tel breuvage, les Théologiens n'oſeront plus nous parler de la conſtance des *Martyrs* & de leur allégreſſe à la vue des Echaffauds.

On y diſſéqueroit tous les Géans que le hazard pourroit y amener, afin de découvrir, dans la ſubſtance intérieure de leurs Cerveaux, plus à portée des yeux que celle des Cerveaux ordinaires, la combinaiſon organique d'où réſultent néceſſairement les facultés que l'on nomme *Intellectuelles*.

On pourroit même y diſſéquer quelques *Californiens*, ou quelques *Blaſards*, des plus ſtupides, afin de déterminer, préciſément, ou à-peu-près, la forme du Cerveau requiſe pour que l'intelligence humaine ſe confonde avec l'inſtinct des animaux.

L'éducation des *Orang-Outangs* n'ayant été confiée, jufques-à-préfent, qu'à des Matelots ou à des Saltimbanques Morefques, un Auteur moderne affure, qu'elle pourroit être portée fort loin, fi des Philofophes prenoient à cœur de la diriger par des traitemens doux & des manières affables. En conféquence, quelques-uns de nos nouveaux Colons, des plus patiens & des plus honnêtes, feroient chargés d'une douzaine d'*Orang-Outangs*, dont ils effayeroient de faire des *hommes*. Leur fuccès, (qu'ils auroient tout lieu de fe promettre, puifque l'*Orang-Outang* a une langue comme nous, un cerveau comme le nôtre) démontreroit aux orgueilleux *Spiritualiftes*, à quoi tient la différence entre l'homme & la bête. Il eft aifé de fentir les précieux avantages que le Genre-humain retireroit de ces tentatives, & de plufieurs autres du même genre, que je paffe fous filence.

§. XXII.

Si, dans une compagnie, la converfation vient à tomber fur le Chriftianifme, il faut n'en parler que comme d'une *vieille erreur*, dont toute perſonne qui penſe eſt entièrement revenue ; il faut dire, d'une manière poſitive, avec un certain geſte de dédain, que le *procès eſt jugé*, que c'eſt *une affaire abſolument terminée.* Par là, on en impoſe, tout-au-moins, aux jeunes-gens & aux femmes ; on fait craindre le ridicule à ceux qui ſeroient tentés de ſe dire *Chrétiens* ; & l'on peut écarter toute diſpute ſur le Chriſtianiſme, dont on craindroit de ne pas ſortir avec honneur. Je me ſuis convaincu, dans plus d'une occaſion, de la bonté de ce *Moyen*, qui, d'ailleurs, n'eſt pas d'une exécution difficile.

§. XXIII.

Lorſque nous aurons enterré le Chriſtianiſme, ſi, comme on le croit aſſez généralement, il faut aux hommes une Religion, l'Auteur du Livre *de l'Homme & de ſon Education*, propoſe celle des *Scandinaves*, qu'il préfère à toutes les autres, au *Paganiſme* même, pour lequel il paroiſſoit, d'abord, avoir du penchant. » Il faut « dit-il » des

» passions aux hommes ; & la Religion païen-
» ne n'en éteignoit point en eux le feu sacré
» & vivifiant. Peut-être celle des *Scandi-*
» *naves*, peu différente de celle des Grecs
» & des Romains, portoit-elle encore plus
» efficacement les hommes à la Vertu. La
» *Réputation* étoit le *Dieu* de ces Peuples.
» C'étoit de ce seul Dieu que ces Peuples
» attendoient leur récompense. Chacun vou-
» loit être le fils de la Réputation. Chacun
» honoroit dans les *Bardes*, le distributeur
» de la gloire & les Prêtres du Temple de
» la Renommée. Le silence des Bardes étoit
» redouté des Guerriers & des Princes mêmes.
» Le mépris étoit le partage de quiconque
» n'étoit pas fils de la Réputation.... Le
» désir religieux & vif d'une renommée im-
» mortelle excitoit les hommes à s'illustrer
» par leurs talens & leurs vertus. Que
» d'avantages une telle Religion, plus pure
» d'ailleurs que la païenne, ne pourroit-
» elle pas procurer à une Nation! «

L'Histoire ne parle pas, (ce qui m'étonne un peu) des grands effets de cette Religion sur ceux qui l'ont professée ; mais il est aisé de se peindre une Société, dont tous les Individus seroient saisis de la fière ambition d'être *fils de la Renommée.* D'ailleurs, cette Religion étant fort peu connue, nous pourrions l'ajuster à notre fantaisie, & lui donner le degré de perfection dont elle seroit susceptible. Il me tarde fort de voir la Terre entière soumise à la Religion des *Scandinaves*! Quel important service la *Philosophie* aura rendu au Genre-humain!

Voilà, Monsieur, l'*Esquisse* du grand *Ouvrage* auquel je vais travailler. Comme il ne sera confié qu'aux Amis, bien éprouvés, de la *Philosophie*, je l'intitulerai, *Instructions secrettes pour l'entier abolissement du Christianisme.* Aidez-moi dans un projet de cette importance! Quel plus bel usage peut-on faire des talens & du génie? Ne désespérons point du succès, malgré ces hommes dont on a si bien dit » qu'ils veillent au » maintien des droits de l'erreur; qu'ils

» tiennent le bon ſens aſſoupi ; & que, lorſ-
» qu'il ſe réveille, ils le bercent de Contes
» frivoles, pour le rendormir. «

Je ſuis, &c.

DOUZIEME LETTRE.

IL y a long-tems, Monſieur, que vous n'avez reçu de mes nouvelles; celles que j'ai à vous donner ne pourront que vous ſurprendre. J'étois, un jour, au Café de *Wigth*, auprès de deux jeunes Avocats, dont la converſation rouloit ſur la fameuſe *Profeſſion de Foi du Vicaire Savoyard.* » En vérité « diſoit l'un d'eux » c'eſt un excellent homme » que ce Savoyard! Il ſeroit à ſouhaiter que » tous les Eccléſiaſtiques priſſent des leçons » de cet honnête Curé, ou plutôt, de » l'Auteur d'*Emile*; car il eſt évident, que » c'eſt lui qui parle par la bouche du *Vicaire.* » Qu'en penſez-vous, Monſieur? « ajouta-t-il, en me regardant.

» J'aurois voulu « lui répondis-je » que » Monſieur le *Vicaire* dit nettement la vérité, » telle qu'on la voit dans ſon ame, au tra- » vers des nuages dont il voudroit la cou- » vrir. Pourquoi ne déclare-t-il pas ſans dé- » tour, *qu'il y a d'aſſez bonnes choſes dans* » *l'Evangile; qu'il renferme quelques Maximes*

» *de Morale qui peuvent avoir leur utilité ;* » *mais qu'il n'ajoute aucune foi à tout ce qui* » *s'appelle Révélation Divine, Inspiration, Mi-* » *racles ?* Je sais que les Gens, tant soit » peu éclairés, ont d'abord découvert le but » de l'Auteur d'*Emile*, & qu'ils ont vu, » dans cet *Ouvrage*, un des plus forts assauts » qui aient été livrés au Christianisme ; mais » j'aurois préféré que cet Ecrivain n'eût pas » gardé tant de ménagemens. Qu'avoit-il à » craindre, dans ces tems heureux, où la » *Philosophie* a tellement fait tomber l'Evan- » gile que, bientôt, il ne lui restera de » Sectateurs que parmi les Prêtres & les Evê- » ques, seuls intéressés à son existence ? » Pourquoi dire, que *l'on s'en tient à un* » *silence respectueux*, sur des articles de la » plus révoltante absurdité ? Ce *silence res-* » *pectueux* n'annonce-t-il pas, que l'affaire » n'est pas bien décidée dans l'esprit de » celui qui le garde, tandis qu'il déclare, » que sa Raison repousse ce qu'il feint de » respecter ? Eh, Monsieur, tous ces dé- » tours ne sont pas d'un *Philosophe* ! Parlez- » moi de ces braves Athlétes, qui font une

» guerre ouverte au Christianisme ! Voilà les » *Sages* que j'aime & que j'honore ! « Ici, deux ou trois plaisanteries sur l'Evangile & ses partisans m'attirèrent cette apostrophe, de la part d'un Militaire que je n'avois pas apperçu:

» Jeune homme, en avez-vous encore » pour long-tems ? « Puis, s'adressant aux deux Avocats, qui paroissoient m'écouter avec plaisir » Je vous félicite, Messieurs, » d'avoir fait une rencontre aussi heureuse ! » Pour peu de dispositions que vous ayez, » vous irez loin avec un tel maître ! « Et m'apostrophant de nouveau » Courage, Mon- » sieur; vous aviez si bien commencé ! Ce » seroit dommage que nous perdissions un » mot de ce que vous aviez à nous dire ! «

Je fus tellement déconcerté que je gardai un profond silence ; & peut-être ne l'aurois-je pas rompu, si tous les assistans n'avoient ris de la confusion dont je paroissois couvert. » Quoi, Monsieur ! « m'écriai-je tout-à-coup » Vous êtes de ceux qui croyent à l'Anesse » de Balaam ? «

» Pourquoi non ? « me répondit-il » vous » suffiriez pour m'y faire croire ! «

Cette réponse (assez plaisante) mit encore de son côté les rieurs, que j'avois cru mettre du mien ; ce qui me fit prendre le parti de battre en retraite. J'eus soin, cependant, de marquer, par mon air & par mes gestes, que j'étois bien plus révolté des mauvaises plaisanteries de ce Militaire, qu'effrayé de l'issue d'une dispute, si je daignois l'entreprendre.

Quelques jours après, je reçu de ce même Officier une Lettre, que j'ai cru devoir vous communiquer ; la voici mot pour mot.

MONSIEUR.

Je mis un peu d'humeur dans ce que je vous dis, il y a quelques jours, au Café de *Wigth*. Je ne pus m'en défendre, en vous voyant mêler la plaisanterie dans un sujet, qui ne devroit jamais être traité qu'avec le sérieux qu'il mérite par son importance. Je serois fâché, si ce qui se passa vous prévenoit contre ce que vous allez lire. Cette Lettre, Monſieur, n'eſt dictée que par l'intérêt que je prens à la Religion que vous attaquiés, & par celui que je ſentis naître pour vous, malgré le chagrin que me cauſoient ces attaques.

Je commence par un aveu. A l'âge de vingt ans, je me fis Incrédule, Philoſophe, Eſprit-fort. Ce ne fut pas, ſeulement, pour me ſoumettre à l'empire de la mode, qui, dans ce Siècle, s'étend juſque ſur la *Foi*, & pour ne pas penſer, meſquinement, avec le Vulgaire. J'aurois pu réſiſter à la tentation de me mettre dans la claſſe des gens du bel-air ; mais le métier d'Incrédule fut pour moi une reſſource, comme le métier des armes. La mort m'ayant enlevé des parens, dont les leçons & le bon exemple m'avoient retenu dans le devoir, j'eus le malheur d'être livré à moi-même. Je fis connoiſſance avec des Jeunes-gens qui, par de vives peintures de leurs plaiſirs, & des railleries continuelles, me firent inſenſiblement perdre le goût des mœurs honnêtes, & m'aſſocièrent à leurs débauches. Je ne vous détaillerai pas les combats que j'eus à ſoutenir contre la pudeur naturelle, le cri de la Conſcience, & les Leçons de l'Evangile; je me contenterai de vous dire, que cette lutte intérieure me tenant dans l'inquiétude, & répandant de l'amertume ſur mes plaiſirs, j'appellai l'*Incrédulité* & la *Philoſophie* au ſecours de mes paſſions, qui ne pouvoient pas ſe ſoutenir toutes ſeules, & qui ſe trouvèrent très-bien de cette Fortereſſe où je les avois retranchées. Quelle vie je menai, dès-lors, avec mes Compagnons de plaiſir! Permettez, Monſieur, que j'en détourne mes regards, pour vous faire quelques queſtions, qui, peut-être, ne feront pas abſolument déplacées.

Vous avez vu ce qui me conduiſit à l'*Incrédulité*; n'y feriez-vous point arrivé par la même route? La Foi Chrétienne ne vous feroit-elle point devenue ſuſpecte, depuis qu'elle vous eſt devenue incommode? N'auriez-vous point ſecoué le joug de la Religion, parce qu'il vous a paru doux de n'avoir pour loi que vos paſſions, & pour régle, que vos déſirs? Vous feriez-vous aviſé d'être incrédule, ſi *Jéſus* avoit permi à l'homme d'être libertin tout à ſon aiſe ? Lorſque quelque Défenſeur de l'*Evangile* vous parle de *Miracles & de Prophéties*, ne feriez-vous point tenté de lui dire » Veux-tu que je » t'écoute ? Laiſſe-là les *Prophéties* & les *Mi-* » *racles !* Permets-moi de vivre au gré de » mes déſirs ; & je ſerai ton Diſciple. « Si telle eſt la ſource de votre *Incrédulité*, je vous invite, Monſieur, à vous défier un peu d'une pareille origine.

Après cet examen, faites auſſi la revue de vos Confrères les *Eſprits-forts*. Voyez, ſi vous en trouverez beaucoup dont les mœurs ſoient pures & honnêtes ; qui ſoient vrais & décens dans leurs diſcours, modérés dans leurs plaiſirs ; qui reſpectent le lien conjugal ; qui ne ſe faſſent pas un jeu du vil métier de ſuborneur ; dont la conduite, en un mot, ne rende pas ſuſpecte la cauſe de leur incrédulité. Quant à moi, Monſieur, j'ai fréquenté des Eſprits-forts, à *Londres*, à *Paris*, à *Berlin* ; &, aſſurément, le Recueil que je pourrois faire de leurs œuvres (très-conſéquentes à leurs principes) n'auroit pas pour Titre, *Anecdotes Edifiantes*. Vous connoiſſez ce mot d'un Ecrivain célèbre. „ Je

„ n'entends pas qu'on puiſſe être vertueux „ ſans Religion ; j'eus long-tems cette opinion „ trompeuſe, dont je ſuis très-déſabuſé. « Et qui l'avoit déſabuſé ? Il l'a dit ſouvent ; la fréquentation de vos *Philoſophes.*

Vous m'objecterez, peut-être, que l'on voit auſſi beaucoup de *Chrétiens*, dont la conduite n'eſt rien moins que vertueuſe ? Je vous répondrai, en deux mots, que ce ne ſont pas des *Chrétiens.* Vous ſavez le cas que fait le Chriſtianiſme, de *la Foi ſans les œuvres !*

Je vous ai dit, Monſieur, que j'ai été incrédule, pendant quelque tems ; je devois plutôt vous dire, que je ſouhaitois de l'être, que je m'efforçois de me perſuader à moi-même & autres, que je l'étois réellement. J'ai trouvé, depuis, mon portrait, tracé de main de Maître ; daignez le fixer un inſtant. „ On ne veut pas que des paſſions, qui „ nous ſont chères, ſoient criminelles ; on „ veut ſe délivrer de ce Cenſeur importun, „ qui prend au-dedans de nous le parti de „ la Vertu contre nous-mêmes. Ce n'eſt jouir „ qu'à demi de ſes paſſions, tandis que les remords

„ remords nous en disputent le plaisir. Il „ faut, ou finir ses désordres, ou tacher de „ s'y calmer ; & comme il en coûteroit trop „ de les finir, & qu'on ne sçauroit s'y „ calmer, qu'en doutant des *Vérités* qui „ nous troublent, on se les donne à soi-„ même comme douteuses ; & pour parvenir „ à être tranquille, on s'efforce de se per-„ suader qu'on est incrédule. «

Et bien, Monsieur ! Qui reconnoissez-vous à ces traits ? En voici quelques autres, qu'il faut ajouter au Tableau. » Le grand „ effort du déréglement est de nous conduire „ à l'Incrédulité. On voudroit pouvoir arri-„ ver à la sécurité de l'Incrédule. On re-„ garde cet état de sécurité comme un état „ heureux.......... Ce prétexte d'Incré-„ dulité, auquel on s'arrête, est fort com-„ mode, parce qu'il finit tout. Il est plus „ court de se dire à soi-même, *qu'il n'y a* „ *rien après cette vie* ; & de se conduire comme „ si en effet on en étoit persuadé ; c'est se „ délivrer tout-à-coup de tout joug & de „ toute contrainte....... Nous nous lais-„ sons mollement entrainer au cours qui

„ nous emporte, ſur le préjugé général, „ que nous ne croyons rien ; nous avons „ peu de remords, parce que nous nous „ ſuppoſons Incrédules, & que cette ſuppo- „ ſition nous laiſſe la même ſécurité que l'In- „ crédulité véritable ; &, en nous prenant „ toujours pour ce que nous ne ſommes pas, „ nous vivons comme ſi nous étions en effet „ ce que nous déſirons d'être. «

N'eſt-ce-là, Monſieur, qu'une fantaiſie de Peintre ? . . . . Mais je vous accorde, que vous êtes réellement ce que vous voulez paroître ; & je vous prie de bien peſer ce que j'ai encore à vous dire.

Je me rappelle qu'un jour, me trouvant parmi des gens du bel-air, je parlois d'une manière fort dégagée ſur la Religion Chrétienne, lorſque, tout-à-coup je fus interrompu par un célèbre Juriſconſulte, qui me dit, d'un ton grâvement ironique „ Cette „ Religion, dont vous plaiſantez, vous la „ connoiſſez, ſans doute, Monſieur ? Expoſez- „ nous, je vous prie, quelques-unes des „ *Preuves* ſur leſquelles on fonde ſa *Divinité*; „ il eſt à préſumer, que vous les avez bien „ méditées, & que vous êtes en état d'en

„ faire ſentir la foibleſſe. Je vous crois trop „ ſage pour décrier ſi hardiment ce que vous „ ne connoiſſez pas. Je ſuis prêt à vous „ écouter ; & j'eſſaierai de vous répondre. «

Mon embarras ne peut ſe dépeindre. Ce Juriſconſulte m'en impoſa au point que je n'oſai pas même recourir à ma reſſource ordinaire, à une plaiſanterie. Je ne me tirai d'affaire, qu'en lui diſant, que ni le lieu ni le tems n'étoient propres à une diſpute ſur la Religion, & que j'étois tout diſpoſé à entrer en lice avec lui, s'il vouloit me donner un rendez-vous ; il le fit ; mais j'eus la ſage précaution d'être malade, le jour qu'il m'avoit aſſigné.

Et vous, Monſieur ! De bonne-foi, auriez-vous été fort à votre aiſe, ſi, lorſque vous faiſiez le plaiſant ſur le Chriſtianiſme, je vous avois tenu le langage de mon Juriſconſulte, comme j'étois ſur le point de le faire au moment où vous crûtes devoir quitter la partie ? Pouvez-vous dire, que vous ayez étudié les *Preuves* dont on appuie le Chriſtianiſme, avec toute l'application qu'exige un ſujet de cette importance ? Connoiſſez-vous dans quel jour ces *Preuves* ont été mifes par un *Grotius*, un *Scherlock*, un *Abadie*, un *Vernet*, un *Lardner* & un *Bonnet*? Vous fentez-vous en état de rompre une lance avec ces Ecrivains célèbres? Ne vous trouvez-vous point, vis-à-vis d'eux, armé un peu trop à la légère? J'avoue, que je ferois fort curieux de vous voir aux prifes avec ces vigoureux Athlètes! Vous auriez l'honneur d'être le premier qui eût ofé fe mefurer avec eux; &, affurément, fi vous leur faifiez mordre la pouffière, vous auriez lieu de vous applaudir de votre triomphe. Jufques-ici on ne les a prefque attaqué qu'avec des injures & des facéties; j'efpére que ce ne feront pas là les inftrumens de votre victoire.

Quant à moi, Monfieur, je ne vous cacherai pas, qu'après avoir fait le bilan de mes connoiffances fur la *Religion Chrétienne*, je vis, à ma grande confufion, que toute ma Science fe bornoit à ce que m'avoit appris un *Catéchifme* mal digéré; que je n'avois point étudié les *Preuves* du Chriftianifme dans les Ouvrages écrits pour fa défenfe, quoiqu'ils ne me fuffent pas inconnus; que toute mon Erudion ſe réduiſoit à quelques doutes uſés, à quelques vieilles objections réchauffées, à un certain Jargon de libertinage, que j'avois appris dans des Rapſodies d'Incrédulité, que j'aimois à regarder comme des Chefs-d'œuvre de bon ſens. Je vis encore, que je m'étois fait incrédule par crédulité, c'eſt-à-dire, ſur l'authorité de quelques Beaux-Eſprits, à qui j'avois ſouvent entendu dire, d'un ton ferme, que la Religion eſt une chimère, un épouvantail de vieilles femmes & d'enfans; & qui ſavoient accompagner cette déciſion, d'un ris mocqueur, de quelques bons-mots, ou de quelques Anecdotes, que je ne manquois jamais de prendre pour des raiſonnemens ſans réplique.

Encore un aveu! Je faiſois tous mes efforts pour être d'une inaltérable incrédulité. J'étois à la quête de toutes les *Brochures* propres à m'affermir dans ce parti; j'en extrayois, ſouvent même, j'en apprenois par cœur les maigres Sophiſmes & les impudens Sarcaſmes, afin d'en être l'écho. Y trouvois-je des Citations de paſſages défavorables au Chriſtianisme ? Elles me faisoient trop de plaisir pour que j'essaiasse d'en vérifier aucune. Combien j'ai vu, depuis, que j'avois été trompé ! Si, par hazard, je rencontrois, dans quelque *Ecrit*, une Remarque en faveur de la Religion, j'épuisois toutes les forces de mon esprit, non pas à chercher si l'Auteur avoit raison, mais à trouver qu'il avoit tort. Je ne parlois jamais des Défenseurs de l'Evangile qu'avec le plus grand dédain. Si, dans la conversation, j'étois d'abord frappé d'un raisonnement favorable au Christianisme, j'avois un moment d'humeur, & je prenois un certain dépit que j'éprouvois, pour une preuve de l'absurdité du raisonnement que j'entendois faire. Lançois-je, d'un ton goguenard, quelque trait contre la Religion ? J'étois si joyeux de me trouver tant d'esprit, que mon Incrédulité m'en devenoit beaucoup plus chère. Je me souviens, en particulier, que je cherchois à m'étourdir, à me répandre, à guerroier contre les Croyans, à faire des Prosélytes à ma Cause, pour mieux m'en pénétrer ; car moins on est ferme dans ses principes, à cet égard, plus on cherche à les faire adopter aux autres. Il me sembloit que la *Vérité*, qui n'est forte que de sa propre force, perdoit quelque chose par la multitude de ses Déserteurs; & que le *Mensonge* cessoit d'être ce qu'il est, par le nombre plus ou moins grand des transfuges de la Vérité. En conséquence, je sonnois sans cesse le tocsin contre l'Evangile & ses partisans; ce n'étoit que du bruit, mais le bruit étourdit. Malgré cela, Monsieur, les jours de mon Incrédulité n'étoient pas égaux; ils se passoient dans des variations continuelles; c'étoit un flux & reflux d'irréligion & de foi. Tantôt, il me sembloit que j'étois ferme, inébranlable; d'autres-fois, je me trouvois foible, chancelant. Un accident imprévu, une mort subite, un dérangement de santé, suffisoient pour me rappeller à ma première croyance; & il me falloit toujours quelques efforts pour me débarrasser des réflexions importunes qui s'offroient à mon esprit, en dépit de moi-même. Mes doutes croissoient ou diminuoient selon les vicissitudes de ma vie le plaisir leur donnoit de la force, l'affliction leur en faisoit perdre. Cela me rapppelle que, dans ce tems-là, j'avois un Ami, qui à table, étoit *Chrétien*, au premier service, *Pyrrhonien*, au second, *Athée*, au troisième. Son Incrédulité tenoit entièrement à son estomach ! Examinez, je vous prie, Monsieur, à quoi tient la vôtre.

Mais, je veux supposer que vos mœurs sont irréprochables; que vous n'ètes pas implicitement Esprit-fort, ou Incrédule sur parole; que vous l'ètes d'après vous-même, & par connoissance de cause; que vous avez fait une étude approfondie du Christianisme; que l'insuffisance des preuves dont on l'appuie vous est démontrée; que vous avez trouvé de nouvelles Objections, plus fortes que toutes celles qui jusques-ici avoient été proposées, & auxquelles, selon vous, il est impossible de répondre. Je vous demanderai, Monsieur, quel est le but que vous vous proposés, en attaquant le Christianisme ?

Croiriez-vous donner par-là des preuves de politesse & de savoir-vivre ? Mais en quoi feriez-vous donc consister la *politesse & le savoir-vivre ?* Seroit-ce à ne point s'accommoder au génie & au caractère de ceux avec qui l'on ſe trouve, à ne point reſpecter ce qu'ils reſpectent, à n'avoir aucun ménagement pour leurs opinions, dès-qu'elles nous paroiſſent des préjugés ? Si c'eſt-là l'idée que vous vous faites de la politeſſe, je conviens, que vous en ſuivez les règles, lorſque vous décriez le Chriſtianiſme, en préſence de gens qui ne penſent pas comme vous ; car c'eſt leur tenir, à-peu-près, ce langage » Meſſieurs, vous êtes des eſ» prits foibles, des imbécilles, des dupes ! » On vous donne pour *divine*, une Reli» gion purement *humaine !* On vous berce » d'illuſions & de chimères ! C'eſt moi qui » vous l'aſſure ; moi, qui ſuis un génie, » un homme profond, un Philoſophe ! «

Mais, peut-être, ne parlez-vous contre la Religion, que pour l'intérêt de la Société? Si cela eſt, je vous prierai de me dire, quelle ſorte de bien la Société peut retirer de ces attaques ? Il y a long-temps que je cherche, mais en vain, à le découvrir. Penſeriez-vous, que l'on ſerve la Société, en affoibliſſant ou, en retranchant les motifs qui portent à l'exercice des Vertus ſociales ›

& en renforçant ceux qui mettent en jeu les passions contraires à ces Vertus ? Croiriez-vous, que le bien public demande, qu'on anéantisse tout ce qui peut empècher, que le foible ne soit la victime du fort, le pauvre, celle du riche, le simple, celle du fourbe, l'homme de bien sans appui, celle de l'homme accrédité ? Vous seriez-vous persuadé, qu'il importe au bonheur des hommes, que l'on ôte à la Vertu son aiguillon, au crime ses remords, au cœur ses plus précieuses espérances ? En vérité, Monsieur, j'ai bien de la peine à croire qu'une telle persuasion soit dans une tète qui ne seroit pas totalement dérangée.

Vous me direz, sans doute, qu'il convient de désabuser les hommes ; que c'est un service que les *Sages* doivent leur rendre. Fort bien, Monsieur ! Désabusez les hommes de toutes les Rèveries *Pythagoriciennes*, *Platoniciennes*, *Aristotéliciennes*, gréfées sur la Religion de *Jésus*, cette Religion si simple & si raisonnable. Contentez-vous de séparer de la Vérité l'alliage impur du mensonge ; &, comme on l'a dit, ne cherchez pas à abattre un Arbre qui donne du fruit & de l'ombre, parce que ſes feuilles fourniſſent de la nourriture à des Chenilles, ou parce que des Araignées tendent quelquefois leurs toiles entre ſes branches. —— Faites bien ſentir aux hommes, que Dieu, en ſe révélant à eux, a moins voulu tourmenter leur Entendement par des Dogmes inintelligibles, que les porter à des Vertus dont la pratique aſſurât leur bonheur. —— Tracez-leur, en caractères de feu, les ſcandaleuſes atrocités, occaſionnées par la manie ſacerdotale de vouloir expliquer ce qui eſt inexplicable, par des Logogryphes théologiques, par de miſérables Queſtions, dont la déciſion, quelle qu'elle ſoit, ne peut nous rendre, ni plus gens de bien, ni plus heureux. —— Conſternez leur Raiſon, déchirez leur cœur, en mettant ſous leurs yeux l'énorme, le dégoûtant, l'horrible Charnier de l'*Intolérance*, tout couvert d'Hécatombes humaines. —— Inſpirez-leur l'indignation la plus forte pour ces Moines affreux, ces Bouchers de *Moloch*, qui réduiſirent en ſyſtème la perſécution, en érigeant ce monſtrueux Tribunal, ſi abominablement célèbre par ſa politique ſanguinaire, ſes infames délations, ſes noirs cachots, ſes tortures rafinées, & ſes exécrables *Auto-da-fé.* —— Ne ceſſez point de leur dire, que ſi le Légiſlateur des Chrétiens exhorta à *croire*, il exhorta encore plus à *pratiquer*; qu'il a déclaré que la *Charité* ſeroit la livrée de ſes diſciples; (d'où il ſuit qu'*Intolérant* & *Anti-Chrétien*, ſont ſynonymes) qu'il n'établit pas ſa Doctrine à coups de ſabre, qu'il ne la fit pas prêcher par des Bourreaux. —— Montrez aux Détracteurs du Chriſtianiſme, que tous les maux qu'ils lui attribuent, ne ſont qu'une ſuite de la violation formelle de ſes *Loix*: que les ſombres peintures qu'ils tracent de ſa *Morale*, (ſur le compte de laquelle ils mettent les auſtérités, les macérations, la cruauté contre ſoi-même) ne ſont point faites d'après l'Evangile, mais d'après le cerveau hypocondriaque des Enthouſiaſtes & des Viſionnaires: que la pratique de cette *Morale* met dans le cœur toutes les Vertus qui donnent à l'homme ce bien-être avec ſoi-même, cette ſérénité habituelle, cette permanence de ſatisfaction intérieure, qui conſtitue le véritable bonheur. —— Elevez-vous, avec force, contre ces Prêtres audacieux, qui, non-ſeulement ſe diſent étrangers à l'Etat, dès-qu'il faut le ſecourir, & ont voulu aſſujettir les peuples à deux Légiſlations inconciliables, mais encore; qui, foulant aux pieds les Loix de modeſtie, de déſintéreſſement, de ſoumiſſion aux Puiſſances Temporelles, que preſcrit l'*Evangile*, ont eu l'impudence, (cet *Evangile* même à la main) de ſe placer au-deſſus des Rois, de ſoulever contr'eux leurs Sujets, de diſpoſer de leur Couronne, &, ſouvent, de les ravaler aux humiliations les plus révoltantes. —— Faites bien ſentir à tous les Miniſtres de la Religion, qu'ils doivent, non-ſeulement prêcher l'amour du bien-public, mais, ſur-tout, en donner les premiers l'exemple; que leur état n'eſt pour eux, qu'une raiſon, de plus, d'être de zélés *Citoyens*. —— Détrompez ceux d'entre les Chrétiens, qui s'imaginent remplir tous leurs devoirs, parce qu'ils témoignent, par des actes extérieurs, qu'ils croient des choſes incroyables ; parce qu'ils ſe trouvent aſſidûment dans les Temples ; parce qu'ils répètent périodiquement & vingt fois de ſuite la même formule de prière ; parce qu'ils s'abſtiennent, avec le plus grand ſcrupule, de certains alimens ; parce qu'ils ont des jours de ſolitude, qu'ils paſſent en lectures & en oraiſons ; en un mot, parce qu'ils ne s'épargnent point en cérémonies religieuſes. Dites-leur, que ce n'eſt-là que payer, à la Phariſienne, la *dixme de la mente & du cumin ;* que le Chrétien doit, ſur-tout, être utile à ſa famille, à ſes amis, à ſa patrie, au genre-humain ; que l'offrande la plus agréable à Dieu, ce ſont des Actes de juſtice & de bienfaiſance ; que le Juge ne leur dira pas » As-tu montré que tu » croyois ce que tu ne pouvois pas croire ? » As-tu mangé des poulets, tel jour de la » ſemaine, & des œufs, tel autre ? « Mais, » Quel bien as-tu fait à tes ſemblables ? » Quand ils ont eu faim, leur as-tu donné à » manger ? Quand ils ont eu ſoif, leur » as-tu donné à boire ? « —— Enfin, Monſieur ; ramenez les Chrétiens à ces *Articles* ſimples, lumineux & importans, qui ſont l'eſſence de la Religion de leur Maître » Il » y a un ſeul Dieu, Créateur & Conſerva» teur de toutes choſes. Il veille ſur cet » Univers ; il eſt le témoin des actions les » plus ſecrettes ; il aime la vertu ; il dé» teſte le vice. Il a envoyé *Jéſus*, en le » muniſſant de ſon ſçeau, pour éclairer les » hommes ſur tous leurs devoirs, & leur » enſeigner, lorſqu'ils s'en ſont écartés, les » moyens de rentrer en grâce auprès de » lui. Il l'a établi pour les juger un jour, » & les récompenſer ou les punir, ſuivant » la manière dont ils ſe ſeront conduits » pendant leur ſéjour ſur la terre. « Rien là qui ne ſoit clair, net, & à la portée d'un Câfre & d'un Iroquois !

Voilà Monſieur, à quoi je vous invite, ſi vous voulez réellement bien mériter du genre-humain. J'ai ſouvent déſiré, que toutes les Puiſſances de l'Europe s'accordaſſent pour réduire la Foi à l'Evangile aux Articles que je viens de citer —— qu'Elles ſtatuaſſent, qu'il ſuffit d'y ſouſcrire pour être cenſé Membre de l'Egliſe Chrétienne —— qu'Elles défendiſſent d'attaquer ces Points Fondamentaux, dont la croyance importe à la Société; laiſſant, d'ailleurs, à chacun plein-pouvoir ſur toutes les Queſtions purement ſpéculatives, qui n'influent en rien ſur les mœurs, quelle que ſoit la manière dont on les enviſage —— qu'Elles enjoigniſſent aux Eccléſiaſtiques (qui ſeroient démis de leurs Emplois, dès-qu'ils porteroient le moindre trouble dans l'Etat) de prendre pour Sujets de leurs Sermons les *Articles fondamentaux & les Devoirs de la Morale*; d'écarter de la Chaire tout ce qui fait grimacer la Raiſon; tout ce qui reſte un peu plus inintelligible, aprés de grands efforts pour le faire comprendre; tout ce qui n'offre à l'eſprit, en l'entrâvant, que de ſublimes Enigmes, dont on ne peut lui donner le mot; tout ce que le ridicule mérite de l'*incompréhenſibilité* peut faire regarder comme ſuppléant aux œuvres de *Juſtice* & de *Bienfaiſance*. Je le remarquerai, en paſſant. Si *Luther* & *Calvin* avoient completté la purification de l'Evangile, ils auroient coupé une des plus vigoureuſes racines d'incrédulité. Le mélange de la *Méthaphyſique*

physique avec le Christianisme n'a servi qu'à faire d'une Doctrine courte & simple une Doctrine longue & embrouillée ; qu'à dépraver la Sagesse de Dieu par de brillantes folies de l'homme ; qu'à éloigner de *Jésus* ceux qui auroient été ses Disciples, si l'on n'eût fait parler que lui-même. Quand paroîtra-t-il des Hommes assez éclairés, assez courageux, assez amis du Christianisme, pour le ramener à sa belle simplicité primitive ! J'ose dire, que leur succès seroit le triomphe de l'Evangile !

Je sais, Monsieur, que nos prétendus *Philosophes* ne cessent de parler de certains *Principes*, suffisans, selon eux, (sans cependant être d'accord là-dessus) pour empêcher les désordres de naître dans la Société, & y faire régner les bonnes-mœurs, sans qu'il soit nécessaire de recourir au *Christianisme*, à ses *Peines* & à ses *Récompenses*. Examinons, s'il vous plait, ces *Principes* ; & voyons ce que l'on a droit d'en attendre.

On nous parle, d'abord, de l'*Instinct Moral*, par lequel l'homme trouve de la beauté à la *Vertu*, & se sent porté à la pratiquer. Je vous accorde, Monſieur, l'exiſtence de cet *Inſtinct*, ou de ce *Sens moral*, qui nous fait diſtinguer le bon & le mauvais des actions humaines, comme le Tact nous fait juger du poli, ou de l'inégalité des ſurfaces ; mais, vous conviendrez auſſi, que ce *Sens*, ou cet *Inſtinct*, n'eſt pas le même dans tous les hommes ; qu'il eſt ſujet à s'affoiblir, à ſe vicier ; &, par-là même, que la *Loi morale*, à laquelle il ſert de baſe, ne pouvant être qu'une Loi variable, ſubordonnée à mille circonſtances, n'eſt plus une *Loi*. —— Ajoutez à cela, que, s'il eſt aiſé de ſe faire, dans la ſpéculation, mille belles idées de la *Vertu*, il ne l'eſt pas autant d'en mettre une ſeule en pratique. *L'intérêt perſonnel*, plus fort, chez le commun des hommes, que l'*Inſtinct Moral*, en arrête les effets ; les paſſions détournent les regards de-deſſus cette beauté intellectuelle, dont ils étoient frappés ; elles élèvent dans le Cerveau d'épais brouillards, que les charmes de la Vertu ne percent qu'avec peine. Je ſais, qu'il naît un plaiſir de l'idée que l'on a écouté, dans ſes actions, l'*Inſtinct Moral* ; mais ce plaiſir eſt-il de nature à être ſenti & apprécié par tous les hommes? Peut-on ſe flatter, que l'eſpérance de goûter cette douceur idéale contrebalancera, ſur-tout chez la *multitude*, (dont l'eſprit eſt ſi groſſier, & les inclinations ſi charnelles) le plaiſir vif & prompt que nous promet une paſſion tant-ſoit-peu forte? —— Remarqués encore, que la beauté de la Vertu ne fera pas ſur un homme enfoncé dans le vice, une impreſſion capable de l'en retirer. Un tel homme a perdu le goût du beau moral; les plus brillantes peintures de la Vertu ne le touchent point; il vous écoute froidement & demeure tel qu'il eſt. —— Obſervez de plus, qu'un homme, à qui tout rit dans ce monde, peut, en contemplant, à ſon aiſe, la Vertu, être frappé de ſa beauté, & en recevoir des impreſſions efficaces; mais, placez ce même homme dans l'adverſité; qu'il éprouve des maux qu'il doive à ſa Vertu (cas aſſez ordinaire) croyez-vous, que l'*Inſtinct Moral* ſuffira pour enchaîner cet homme à ſes devoirs, & l'empêcher de dire avec *Brutus* » O Vertu, tu m'as trompé! « —— Enfin,

Monſieur ; quel que ſoit l'*Inſtinct Moral*, a-t-il la force d'une *Sanction ?* S'il *diſpoſe* à la pratique de la Vertu, en impoſe-t-il l'*obligation ?* S'il eſt un *attrait*, eſt-il un *commandement ?* C'eſt à quoi je vous prie de me répondre.

L'*Honneur*, direz-vous, l'*Honneur !* Grand *Principe* de Vertu, qui vient à l'appui de l'*Inſtinct Moral.* Mais, Monſieur, qu'eſt-ce donc que cet *Honneur ?* J'en entends beaucoup parler ; mais les idées que je m'en fais varient ſelon les tems, les lieux & les perſonnes. Ici, j'apprens, qu'un tel paye ſcrupuleuſement ſes *dettes d'honneur*, c'eſt-à-dire, celles du jeu, & ne s'embarraſſe point de toutes les autres. Là, on me raconte, que deux Amis viennent, par *point d'honneur*, de ſe couper la gorge, pour un mot. Je connois un de vos Gens-à-*Honneur*, qui met le ſien à défier les plus déterminés buveurs, & à ſe vanter des excès même qu'il n'a pas commis. Le Chevalier **** met ſon *honneur* à triompher de celui des femmes qui paſſent pour les plus ſages, & à tirer vanité des plus horribles ſéductions. M *** eſt un

Courtiſan ſervile ; il appuie les deſſeins les plus injuſtes , il fait avorter les meilleures entrepriſes , il eſt de toutes les cabales , il ſe prète à toutes les manœuvres ; mais il fait figure , il tient table ouverte , il change de train tous les mois. C'eſt *un homme d'Honneur !* Il le penſe , du moins ; ſouvent mème il ſe l'entend dire. T * * * * * regarde un démenti comme le plus ſanglant affront. On croiroit que l'*Honneur* lui fait abhorrer juſques-à l'apparence du menſonge ; point du tout ! J'ai vu ce même homme, après avoir fait ſouvent parade d'Athéiſme , ſe donner pour très-bon Chrétien à un Evêque, dont il attendoit une faveur. Je l'ai vu aſſiſter au Culte-Public , & communier , avec toutes les apparences de la dévotion , juſques-au moment où cette faveur lui fut accordée. De grâce donc , Monſieur , donnez-moi de l'*Honneur* une définition claire & préciſe ; mais, en attendant , daignez m'apprendre ce que l'on peut eſpérer de *l'Honneur* , quel qu'il ſoit , d'un Manœuvre , d'un Porte-faix , d'un Payſan ? Ou , dites-moi, ſans détour , ſi vous penſés , qu'il importe peu à la Société , qu'il y ait des *Motifs* de conduite pour le Vulgaire, moyennant qu'il y en ait pour les Gens du monde ?

Je vous entends, Monſieur ; vous me renvoyez aux *Loix Humaines*, comme à un Supplément néceſſaire aux *Principes* dont nous venons de parler. Voici ma réponſe.

1°. Remarquez d'abord, que tous les Légiſlateurs de l'Antiquité, *Pythagore*, *Solon*, *Lycurgue*, *Numa*, &c. ont penſé, que l'idée d'une Divinité, vengereſſe du crime, & rémunératrice de la vertu, étoit une baſe néceſſaire à toute Légiſlation. Liſez la belle *Préface* des Loix de *Zaléucus* & de *Charondas.* Vos Philoſophes diront-ils, que leur autorité eſt plus reſpectable que celle de ces grands hommes ? Ils ſont trop modeſtes pour cela.

2°. Si vous voulez que l'on s'en tienne aux *Loix humaines*, ne ſerez-vous point effrayé du nombre prodigieux où ces *Loix* devroient être portées, & de l'extrême rigueur avec laquelle il faudroit en maintenir l'exécution ? Quant à moi, je ne crois, ni à la poſſibilité du Code qu'il faudroit faire, ni à la grande influence des Supplices ſur les mœurs, ni à la bonté de la forme de Gouvernement ſous lequel il faudroit vivre.

3°. Que de crimes échappent à la rigueur des Loix, parce qu'on ne peut en découvrir les auteurs ! Que de Vices, tels que l'ingratitude, la dureté, l'envie, l'ambition, l'avarice, &c. contre leſquels les Loix ne ſtatuent aucune peine ! Combien de fois il arrive, que celui qui enfreint une Loi, y trouve mieux ſon intérêt que s'il l'avoit obſervée ! Dans combien de cas le Magiſtrat n'eſt-il pas forcé de laiſſer des crimes impunis, parceque la punition entraîneroit de plus grands crimes, ou, porteroit ſur un trop grand nombre de coupables ?

4°. Il eſt à remarquer, que l'établiſſement même des Loix a fait imaginer à l'homme des manœuvres obſcures, afin d'arriver impunément à ſon but ; & que les formalités, dont les Loix abondent, ſervent encore à inſpirer de la confiance à celui qui eſt tenté de les enfreindre.

5°. Quand les Loix humaines pourroient empêcher tous les crimes, ſuffiroient-elles aussi pour faire naître la compassion, l'indulgence, la charité, & tant d'autres Vertus, dont la négligence tend aussi réellement à la destruction de la Société, quoique d'une manière plus lente, que la violation des devoirs que les *Loix* rendent *obligatoires?* Si vous me dites, que les Loix pourroient assigner des récompenses aux Vertus, je vous demanderai, si l'hypocrite peut toujours être distingué de l'homme de bien? S'il seroit aisé de trouver des fonds suffisans pour fournir à ces récompenses? S'il n'est pas un grand nombre d'actes de Vertu, qui doivent nécessairement rester dans les ténèbres, pour produire tout le bien que l'on peut en attendre?

6°. D'ailleurs, Monsieur, doit-on beaucoup compter sur les *Loix humaines*, lorsqu'il est question de personnes distinguées par leur rang, leur crédit, ou leur opulence? On l'a fort bien dit: » Les Rois, les Tyrans, » les Maîtres de l'Univers savent l'art de » s'en affranchir. Elles nous vengent d'un » petit Voleur, que les horreurs de la faim » & l'image de la mort portent à percer

» notre maison, & à s'emparer de quelque » portion de nos biens ; mais qui est-ce qui » nous vengera des grands Brigands qui, » à la tête de cent mille de leurs esclaves, » ravagent le monde, pillent à droite & à » gauche, violent les droits les plus sacrés, » remplissent tout de leurs concussions & de » leurs injustices ? « Oui, Monsieur ; les *Alexandres* punissent souvent des *Pirates* ; mais qui punira les *Alexandres* ? « Ai-je peur » de la Loi *Julia* ? « disoit l'horrible *Néron*, méditant le meurtre de *Britannicus*. Ecoutez, sur ce sujet, un homme qui connoissoit aussi-bien que vos *Philosophes* ce que peuvent les Loix humaines. » Quand il seroit inutile » que les Sujets eussent une Religion, il ne » le seroit pas que les Princes en eussent, » & qu'ils blanchissent d'écume le seul frein » que ceux qui ne craignent point les Loix » humaines puissent avoir. Un Prince qui » aime la Religion & qui la craint, est un » Lion qui céde à la main qui le flatte, ou » à la voix qui l'appaise. Celui qui craint la » Religion & qui la hait, est comme les bêtes » sauvages qui mordent la chaîne qui les

» empèche de ſe jeter ſur ceux qui paſſent. » Celui qui n'a point du tout de Religion » » eſt cet animal terrible qui ne ſent ſa liberté, » que lors qu'il déchire & qu'il dévore. «

7°. Vous me direz, peut-être, qu'il ſeroit plus aiſé que je ne l'imagine, de former un Code de Loix ſages & parfaites, & d'y aſſujettir les Peuples ? Un très-habile Ecrivain va vous répondre.

» Avant que de croire le projet poſſible, » il faudroit, pour l'honneur de la Philoſophie, avoir eſſaié de l'exécuter ; il faudroit, que nos Docteurs Anti-Chrétiens, » devenus Miſſionnaires, euſſent déja policé, » humaniſé, réuni en Corps de République une Nation ſauvage, & nous euſſent » montré dequoi leur Morale ſans Religion » eſt capable. *Platon* ne put engager autrefois une ſeule Bourgade de la Grèce à » vivre ſelon ſes maximes ; nos Philoſophes » ſeroient-ils plus habiles ou plus heureux ? » Sans ſortir de chez nous, quel ſeroit » leur ſuccès ? Après avoir ſagement banni » la Religion & toutes ſes pratiques, les » Prètres & leurs inſtructions, ſans doute

» on laisseroit au moins des Maîtres d'Ecole » dans les Villages, pour apprendre à la » Jeunesse les Loix & la Morale. Je sup» pose qu'elle concevra parfaitement les sa» ges réflexions dont on aura soin de les » appuyer, les raisons philosophiques par » lesquelles il faudra prouver à un enfant » qu'il doit honorer son père & sa mère, » chérir ses frères & sœurs, aider & se» courir ses semblables, obéir aux Magis» trats, aimer son Roi & sa patrie. Comme » il sera question de décerner des châtimens » pour tous les vices, des récompenses pour » toutes les vertus, il est clair que les » Tribunaux ordinaires ne suffiront plus; » qu'il sera nécessaire d'établir, au moins » dans chaque Paroisse, un ou plusieurs » Inspecteurs des mœurs, pour veiller sur » la conduite des particuliers, décerner les » peines & les récompenses. Déja je vois » un Clergé en robe courte, & sous un » autre nom, s'établir sur les ruines de » l'ancien. Sans doute ces Censeurs sans » Religion seront plus éclairés, plus intè» gres, plus vigilans, plus charitables,

» plus incorruptibles que les Prêtres. Une » charge si importante regarde directement » nos Philosophes ; ils sont les Docteurs-» nés du Genre-humain. Les voilà donc » chargés de savoir, si tel citoyen est » mauvais père ou mauvais mari, s'il est » traître ou parjure, dissipateur ou brutal, » avare ou trompeur, paresseux ou mauvais » économe. Ils seront obligés d'entretenir » l'union dans les mariages, la paix dans » les familles, la décence parmi les jeunes » gens ; de réconcilier les ennemis, de prè-» venir les vengeances & les procès, de » pourvoir à la subsistance des pauvres & » des malades, à l'éducation des Orphe-» lins. Il se trouve souvent des Ecclésiasti-» ques qui font tout cela par Religion ; » un Philosophe le fera par honneur & » par zèle du bien public. Il donnera l'exem-» ple des vertus qu'il doit récompenser ; il » ne se rendra point coupable des vices » qu'il doit punir. Sans intérèt, sans am-» bition, sans haine, sans prévention, sans » partialité, il sera le génie tutelaire des » Peuples confiés à ses soins, un Dieu

» ſous la figure d'un homme. Un Philoſo-
» phe ne ſauroit être moins !

» Mais, écrire de belles maximes de Mo-
» rale & de Politique dans ſon Cabinet, &
» les obſerver dans la pratique, ſont des
» rôles bien différens; les faire exécuter aux
» autres par raiſon, eſt un emploi très-dé-
» licat; y forcer les peuples par la vio-
» lence & par le glaive, eſt le rôle d'un
» tyran.

» Si le libertinage & le mépris des Loix
» viennent à ſe gliſſer dans une Ville ou
» dans une Province, où ſera le remède?
» Les chatimens? Ils ſont impoſſibles, lorſ-
» que le nombre des coupables eſt trop grand;
» & les ſupplices ne *ſont pas capables de*
» *donner des mœurs.* (Eſp. des Loix, Liv.
» 19. Ch. 17.) Parmi nous les Loix de la
» Religion ſont aſſez mal obſervées; parmi
» des peuples ſans Religion, celles de la
» Morale auront-elles un meilleur ſort? Un
» Prince & des Magiſtrats, qui n'auront
» plus de mœurs, feront-ils capables d'en
» donner aux autres? Et quand la corrup-

» tion ſe ſera gliſſée dans tous les états, qui » en ſera le Réformateur? «

Je n'ajoute rien, Monſieur, à ces Sages Réflexions; & je conclus de tout ce que je viens de vous dire, que des Actes vertueux peuvent être produits par *l'Inſtinct Moral*, par l'*Honneur*, & par les *Loix Humaines*; mais, que ces motifs ſont très-inſuffiſans; qu'il faut, de plus, (& c'eſt ce que fait le Chriſtianiſme) fonder la Vertu ſur l'*idée d'un Dieu, qui a dicté lui-même des Loix aux hommes, & qui les punira, ou les récompenſera, ſuivant la manière dont ils les auront obſervées.* Voilà, Monſieur, le Supplément néceſſaire aux *Principes* que nous venons d'examiner. Je le prouve en peu de mots.

L'*Inſtinct Moral* eſt-il un attrait à la Vertu? L'Evangile ſera une Loi qui la commande. L'Inſtinct Moral eſt-il fort? L'Evangile preſſera de concert avec lui. L'Inſtinct Moral eſt-il foible? L'Evangile le ranimera, le renforcera. L'Inſtinct Moral ſe tait-il? L'Evangile réclamera toujours les droits de la Vertu.

L'*Honneur* ne ſera plus un Principe vague, dépendant des lieux, des tems & des perſonnes, une affaire de mode; il ne ſera plus la conſécration d'abus politiques, moraux, ou religieux; l'Evangile en déterminera la nature; il le fera conſiſter, invariablement, dans la pratique de tout ce que la Raiſon & ce même Evangile nous recommandent; dans la ferme & inébranlable réſolution de ſacrifier au *Devoir*, nos goûts, nos paſſions, notre fortune, notre vie, notre réputation même. Quel puiſſant reſſort qu'un tel *Honneur*! Quelle ſource d'actions vertueuſes! Combien il en a produites au grand jour! Combien ſont reſtées dans les ténèbres où elles ont été faites!

Par-rapport aux *Loix Humaines*, l'Evangile leur donnera tout ce qui leur manque. Il fera obéir aux Rois & aux Magiſtrats par *principe de Conſcience*; il proſcrira tous les Vices, il commandera toutes les Vertus; il réglera, non-ſeulement l'extérieur, mais auſſi les penſées, les mouvemens & les affections du cœur; il y attaquera toutes ces paſſions baſſes & cruelles qui s'y cachent, & n'en ſont que plus dangereuſes. Il ſuppléera à l'impoſſibilité où ſont les Loix humaines d'infliger des peines toujours certaines & toujours juſtes, & de diſtribuer des récompenſes, toujours ſûres & toujours proportionnées au mérite. Il dira au Roi comme au Sujet » Il y a un jour marqué où tu » recevras ſelon tes œuvres! «

Eſſayez, Monſieur, de me prouver, que ce n'eſt pas là ce que fera, par ſa nature, l'*Evangile*; & ſi, comme j'en ſuis convaincu, vous n'oſez pas même faire cet eſſai, dites-moi, je vous prie, ſi vous croyez, que les *Loix* de cet *Evangile* ſeront plus reſpectables, lorſque vous aurez perſuadé aux hommes que Dieu n'en eſt pas l'Auteur? Quant-à moi, il me paroît démontré, que, les dépouiller de ce caractère auguſte de *Divinité*, c'eſt inviter à les enfreindre. Je vois, par exemple, évidemment, que c'eſt lâcher la bride à la Cupidité, à cet amour-propre qui rapporte tout à ſoi, que de dire à l'homme » Ce » n'eſt point de la part de Dieu qu'il eſt écrit; » *Ne fais pas aux autres ce que tu ne vou-* » *drois*

» *drois pas qu'ils te fissent. Tu aimeras ton* » *prochain comme toi-même.* «

En particulier, Monsieur, si vous ôtez toute croyance à une Vie à venir, où le Vice sera puni, & la Vertu récompensée, quelle source d'actions vertueuses ne fermez-vous pas? Une telle croyance est si évidemment utile à la Société, qu'un de vos Oracles, Mr. *Hume*, oui, Mr. *Hume*, n'a pu s'empêcher de dire » que ceux qui s'efforcent de » détromper les hommes sur une Vie à venir, » peuvent être de bons *raisonneurs* (je n'en » crois rien) mais non de *bons Politiques &* » *de bons Citoyens*, puisqu'ils ôtent aux pas- » sions leur frein, & qu'ils enhardissent à » violer les loix de la Société & de l'équité. « Si vous me demandez, Monsieur, comment on pourroit accorder ce passage, tiré des *Essais Philosophiques de Mr. Hume*, avec tant d'autres qui se trouvent dans ces mêmes *Essais*? Je vous répondrai, que je serois fort embarrassé, s'il me falloit concilier toutes les contradictions de vos *Philosophes*.

Voulez-vous une Autorité qui vous étonnera moins? » Il y a tout à perdre « dit

Mr. *De la Chalotais* » pour les Etats & pour » les Particuliers chez qui ſe détruit la Re» ligion. Eh, qu'on diſe, quel avantage il » peut réſulter pour le genre-humain, d'af» foiblir dans les Citoyens les motifs de la » vertu, & les principes des bonnes actions? » N'eſt-ce pas autoriſer le vice & le crime, » qui n'ont jamais de digues aſſez fortes, » & que déja des motifs plus puiſſans ne » peuvent arrêter? «

» Une Religion « dit l'Auteur de deux excellens *Diſcours* ſur l'*Eſprit de Parti* » une » Religion épurée de préjugés deſtructeurs, » douce dans ſes principes, pure dans ſa » Morale, également favorable à la liberté » de l'homme & à celle du Citoyen, faite » pour lier le Prince à ſes ſujets & pour » leur ſervir de garant réciproque, une » telle Religion, ſi elle pouvoit n'être que » l'Ouvrage des hommes, devroit être reſ» pectée, comme le plus beau monument » de la Raiſon humaine. Qu'importeroit que » tel de ſes dogmes fût plus ou moins prou» vé, ſi la totalité de ſes dogmes n'alloit » qu'à rendre les hommes plus heureux?

» Leur ôterez-vous des freins néceſſaires ? » Subſtiterez-vous l'anxiété des doutes aux » paiſibles douceurs de la perſuaſion ? Ebran- » lerez-vous le fondement de leur confiance » mutuelle, en décriant ce gage de leur » mutuelle probité ? Quiconque attaqueroit » une telle Religion, attaqueroit évidem- » ment la Société. «

Mais, eſt-il beſoin d'Autorités pour ſe convaincre, que c'eſt nuire à la Société, que d'ôter, ou d'affoiblir la croyance à des peines & à des récompenſes après la mort ? Eſt-il beſoin d'Autorités pour ſe convaincre, que les attraits de la Vertu ſont plus puiſſans, à meſure que ſes biens augmentent ; & que l'horreur du Vice s'affoiblit, à meſure que ſes maux diminuent ? Le Sens-commun ne le crie-t-il pas à haute voix ? Dis-moi, Jeune-homme ! Crois-tu, que ce Monarque, à ſa tête de cent-mille ſoldats, ſera moins tenté de faire d'injuſtes Conquêtes, quand tu lui auras prouvé, qu'il ne rendra aucun compte des flots de ſang dont il aura inondé la terre ? Crois-tu, que le Magiſtrat ſera plus ſcrupuleuſement juſte, quand tu l'auras convaincu, qu'aucun Supérieur ne fera la reviſion de ſes Arrêts? Crois-tu, que moi, Militaire, je ſerai plus courageux, plus intrépide, lorſque je ſaurai, qu'en mourant pour ma Patrie, je n'aurai que le néant pour récompenſe? Crois-tu, que ma femme ſera plus chaſte, plus fidelle, plus attachée à ſes devoirs, ſi elle eſt perſuadée, que les œuvres de ténèbres ne ſeront jamais expoſées au grand jour? Crois-tu, que ce Négociant cherchera moins à tromper, quand tu lui auras appris, qu'il eſt le ſeul témoin de ſes injuſtices, & qu'elle demeureront impunies? Crois-tu, que ce Riche ſera plus porté à eſſuyer en ſecret les larmes d'un infortuné, s'il ſe dit à lui-même, que ſon action, enſevelie dans des ombres éternelles, ne ſera jamais récompenſée? Crois-tu, que cet homme ſera plus fidelle à rendre un dépôt; & que ce pauvre ſera moins tenté de ſortir de la miſère par le larcin, ſi tu leur as démontré, que, dès-qu'on échappe aux recherches de la Juſtice humaine, on n'a plus rien à redouter? En un mot, crois-tu, qu'un homme qui borne sa félicité à cette Vie, ne s'estimeroit pas insensé, & ne le seroit pas réellement, s'il avoit d'autre régle de conduite que son *intérêt* & son *plaisir* ? Comment lui persuaderois-tu, que cette régle n'est pas la seule qu'il doive suivre, lorsqu'il peut le faire sans crainte, quoiqu'aux dépens des autres hommes ?

Passez-moi, Monsieur, l'Apostrophe, un peu libre, que je viens de faire ! Je ne puis me défendre d'un mouvement d'indignation, quand je pense aux coups redoublés que l'on porte, depuis quelque tems, au Christianisme, avec un acharnement qui tient de la fureur ! Si, du moins, vos Incrédules, vos Philosophes, en renversant, d'un côté, élevoient d'un autre ! Si, à la place de l'Evangile, ils donnoient un Code de Religion, plus rempli de saines idées sur la Divinité, plus détaillé sur nos devoirs, plus encourageant pour l'homme de bien, plus effrayant pour le vicieux, plus consolant pour l'infortuné, plus propre à rendre les hommes heureux sur la terre, & à étancher cette soif d'immortalité que la nature a miſe au fond de leur ame ! On ſeroit tenté de croire qu'on leur a cette obligation, en voyant les noms qu'ils ſe donnent, réciproquement, dans leurs Ecrits, de *Précepteurs du Genre-humain*, de *Flambeaux des Nations*, de *Bienfaiteurs des hommes !* On s'attend à trouver dans leurs Ouvrages tout ce qui peut ſatisfaire pleinement l'eſprit & le cœur! Mais, Monſieur, que l'on eſt trompé dans ſon attente !

J'apprends de celui-ci, » que le monde » eſt une des combinaiſons infinies du hazard; « de celui-là » que Dieu & le monde » ſont une ſeule & même choſe. « L'un me dit crûment » qu'il n'y a point de » Dieu. « L'autre » qu'il y en a un, » mais dont l'indolence & le repos ſont » l'apanage & la félicité. « Ici, je lis » que » l'homme eſt machine, plante, plus que » machine. « Là, que » ſi je ne ſuis pas » un bœuf, j'en dois rendre grâces à mon » Organiſation. « Celui-ci me déclare » qu'admettre une Providence, c'eſt aſſujettir » l'Auteur de la nature à des attentions » pénibles & continuelles, pour un deſſein

» aussi petit que la conservation de l'Univers. « Celui-là » que, dans un Siecle » aussi éclairé que le nôtre, il est démontré, par mille preuves sans replique, qu'il » n'y a qu'une vie & qu'une félicité ; & » que l'orgueilleux Monarque meurt tout » entier, comme le sujet modeste & le chien » fidelle. « Ici, l'on m'assure » que la Re» ligion naturelle suffit à l'homme. « Là, on me dit « qu'il n'existe point de Religion natu» relle; que la Nature ne peut point nous » découvrir de Systême religieux; que l'ex» périence & la raison ne peuvent point en » produire; que toute Religion est, par son » essence, toujours en contradiction avec la » nature & avec elle-même. « Conflict, Anarchie d'opinions! De sorte qu'après la lecture de ces Ouvrages si pompeusement annoncés, je me retrouve dans les ténèbres du Paganisme; je ne sais, ni d'où je sors, ni ce que je suis, ni ce que je dois faire, ni ce que j'ai à craindre ou à espérer après la mort. Si je m'arrête à ce en quoi le plus grand nombre de ces *Philosophes* semble s'accorder, je vois, qu'aux idées nobles & relevées que le Christianisme me fait concevoir de l'homme, je suis forcé d'en substituer d'autres, qui le dégradent & l'avilissent, qui le font ramper sur la terre avec la brute, lui donnent à-peu-près la même destination pendant sa vie, & le même partage, à sa mort.

Ah, Monsieur! L'affreuse lumière que celle qui ne me frappe que pour me jeter dans des doutes & des perplexités; que pour me donner de moi-même des sentimens vils & abjects; que pour m'ôter les plus puissans motifs à la Vertu; que pour ne me montrer, après trois ou quatre jours d'existence, souvent malheureuse, que la destruction totale de mon être, & l'éternelle séparation de tous les objets auxquels mon cœur est lié sur la terre! Cruelle *Philosophie!* Ton odieux flambeau est semblable à l'éclair, qui ne brille, au sein de l'obscurité & de la tempête, que pour offrir un spectacle d'épouvante & d'horreur!

Non, Monsieur! Il ne m'est pas possible de concevoir, comment un homme peut entrer dans son Cabinet, prendre tranquillement sa plume, & consacrer ses talens à la ruine

d'une Religion qui, prife dans fa fource, donne de *Dieu* les idées les plus faines & les plus fublimes; —— qui élève & honore la Nature humaine, par l'origine célefte qu'elle lui affigne; —— qui fait du Devoir d'*aimer Dieu & les hommes*, le premier & le plus grand des Devoirs; —— qui rendroit la *Société* auffi heureufe qu'elle peut l'être, fi les Loix qu'elle prefcrit étoient fcrupuleufement obfervées, puifqu'on ne verroit que des Princes juftes & équitables, des Sujets affectionnés & foumis, des Riches bienfaifans, des Pauvres laborieux & patiens, des Négocians intègres, des Maîtres humains, des Domeftiques fidelles; —— qui offre à l'homme *foible*, des reffources après fes fautes; à l'homme *affligé*, des confolations; à l'homme *mortel*, l'efpérance d'une Vie qui n'aura point de fin. Comment, en particulier, cet homme peut-il foutenir cette penfée » Je vais éteindre ce rayon de lumière qui perçant juf-
» que dans les cachots de la Vertu opprimée,
» la conforte & la reftaure. Je vais ôter
» toute confolation, à cet Epoux, à ce Père,
» à cet Ami, qui pleurent fur la tombe de

» ces perſonnes que la mort vient de leur » enlever. Je les vois ſe ſoulager par la » perſpective de bonheur & de réunion, » que l'Evangile leur préſente. Afin de les » déſeſpérer, je vais leur dire ; *Cette poudre,* » *que tu arroſes de larmes, ſera éternellement* » *poudre ! Ces perſonnes chéries ſont pour tou-* » *jours entre les ſerres de la mort ! Le néant* » *eſt leur partage, comme il ſera le tien !* .... « » Homme barbare ! « lui crie cet Infortuné qu'il poignarde. » Sous quel Aſtre ſiniſtre » ès-tu né ? (*) Dans quelle heure de dé- » ſeſpoir as-tu reçu le jour ? Quelles furies » ont agité ton Imagination, pour enfanter » ce Syſtème deſtructeur des biens & des » Etres ? Si tu te plais à former l'horrible » vœu de l'anéantiſſement, à étouffer la voix » de ta Raiſon, qui t'annonce l'Immortalité, » & celle de ton cœur, qui la déſire, ſavoure, » ſeul, ce plaiſir amer ! Cache-moi ce néant que » j'abhorre ! Si mon eſpérance eſt illuſoire, » combien cette erreur m'eſt chère ! Que

(*) Expreſſions d'*Young*.

» ce mensonge consolant seroit encore pré-
» férable à la triste Vérité ! «

Je m'arrète ici, Monsieur ; je vous prie de bien réfléchir sur ce que vous venez de lire ; je vous le demande même avec instances, par l'intérêt que que je prens à vous. L'expérience m'a démontré, que le Christianisme, pris dans l'*Evangile*, est le seul vrai *Systême de bonheur*, lors-même qu'on ne regarderoit qu'aux années que nous passons sur la terre. Venez, Monsieur, auprès de moi ; venez dans le sein de ma famille ; vous y verrez les effets des sentimens Chrétiens, que j'ai inspiré de bonne-heure à mes enfans ; sentimens dégagés de toute superstition, de toute bigoterie, de tout fanatisme. Vous verrez, dans ma maison, l'amour & le respect filial, l'union fraternelle, la subordination, le goût d'un travail modéré, une sage œconomie, la simplicité, la régularité des mœurs, des attentions & des prévenances mutuelles. Vous y verrez, si je puis m'exprimer ainsi, une continuité de bien-être, qui se peindra à vous par la sérénité sur le front, par un extérieur ouvert &

& riant, par l'égalité d'humeur, par des manières douces & affables, par la facilité à se prêter à d'innocentes récréations, à des plaisirs honnêtes, à en trouver même où tant de gens ne soupçonnent pas seulement qu'il puisse y en avoir. J'espère qu'un tel spectacle, en vous montrant l'influence des *Principes religieux* sur le *vrai bonheur*, appuiera tout ce que je vous en ai dit dans cette Lettre.

Je suis, &c.

Le Capitaine *Darington*.

Je ne puis, Monsieur, vous exprimer l'étonnement que me causa cette Lettre. J'en fus si frappé, à la première lecture, que j'en fis, sur le champ, une seconde, & puis une troisième. Plus je la méditai, & moins je pus me dissimuler, que l'histoire qu'y fait M. *Darington* de son *Incrédulité*, étoit à peu de chose près, l'histoire de la mienne, & celle du plus grand nombre de mes amis. Je goûtai fort tout le Paragraphe où il eſt queſtion des Rêveries méthaphyſiques, gréfées ſur l'Evangile —— des Logogryphes théologiques —— de l'horrible Charnier de l'Intolérance, & des Bouchers de *Moloch* —— du Chriſtianiſme qui n'a pas été prêché à coups de ſabre —— des Prêtres qui ont une raiſon de plus d'être de zèlés *Citoyens* —— de l'abſurdité de ceux d'entre les Chrétiens qui, laiſſant les œuvres de juſtice & de bienfaiſance, ſe bornent à *payer la dixme de la menthe & du cumin* —— des Articles fondamentaux du Chriſtianiſme & des efforts que l'on doit faire pour le ramener à ſa ſimplicité primitive. Les raiſonnemens ſur l'*Inſtinct moral*, l'*Honneur* & les *Loix humaines*, me parurent bien établir la néceſſité des Principes religieux, pour donner une baſe sûre à la Vertu. Je ne pus me défendre d'une forte émotion, à la peinture de ces Infortunés à qui l'on ôte toute conſolation, en détruiſant les eſpérances que leur donne l'Evangile, & en leur aſſignant pour partage ce néant que la nature abhorre.

Ces lectures finies, je me hâtai de faire, à cette Lettre, très-honnête, une réponſe qui ne le fût pas moins. J'y annonçois à Mr. *Darington* ma visite pour le lendemain. Je me rendis, en effet, chez lui, dès les huit heures du matin. Il me reçut avec tant de bonté, tant d'aménité, qu'il me mit, sur le champ, fort à mon aise. La conversation, qui fut de quatre ou cinq heures, roula sur tous les points de sa Lettre ; il les reprit & les discuta l'un après l'autre ; & il répondit à ce que je lui opposai, avec une force singulière, & en même-tems, avec la plus grande honnêteté.

De-là, nous passames à l'examen des principales preuves que l'on allégue en faveur du Christianisme. Je lui fis toutes les Objections qui se présentèrent à mon esprit ; *le Figuier maudit*, *les Nôces de Cana*; &c. &c. mais je ne tardai pas à voir, que je n'avois pas à faire à la pauvre Dame *Hébert*, dont je vous avouerai, Monsieur, que le souvenir me peinoit & me peine encore, à présent que je ne suis plus dans ce délire philosophique, dont elle a été la victime.

Avant que de terminer notre entretien, Mr. *Darington* me dit, qu'il m'invitoit à lire

& à méditer le *Traité* d'*Abadie*, & les *Recherches philoſophiques* de Mr. *Bonnet* ſur le *Chriſtianiſme*; perſuadé que ces Ouvrages (que je convins de n'avoir pas lu) acheveroient ce qu'il ſe flattoit d'avoir heureuſement commencé. Il ajouta, qu'il me prioit de faire bien attention à ne prendre pour l'Evangile que l'Evangile même; à diſtinguer l'or, du billon théologique; à m'en tenir aux *Vérités* qui datent de la fondation du Chriſtianiſme, & dont il m'avoit parlé dans ſa Lettre. Cet Article lui tenoit fort au cœur; & je n'en fus point étonné. C'eſt dans ce qu'il appelle le *billon théologique* que je ſentois que j'avois toujours puiſé les plus fortes Objections contre l'Evangile.

J'étois ſur le point de quitter cet excellent homme, lorſqu'il m'invita à dîner chez lui. Dès-que j'eus accepté, il me conduiſit auprès de ſa famille, où je jouis complettement du ſpectacle qu'il m'avoit annoncé. Il me ſembloit y reſpirer je ne ſais quel air de candeur, de ſimplicité, de bonne-foi, de cordialité, de confiance; j'éprouvois des ſenſations abſolument nouvelles, & qui, quoique paisibles, m'affectoient plus agréablement que les plus fortes que j'eusse jamais éprouvées.

Je ne sortis qu'à regret de cette Maison, me promettant bien que cette première visite seroit suivie d'un grand nombre d'autres ; elle le fut en effet ; & pour abréger, je vous dirai, (ce que vous avez, sans doute, déja compris) qu'après avoir lu & médité les excellens Ouvrages que m'avoit remis Mr. *Darington* ; après en avoir conféré avec lui, à plusieurs reprises, je fus entièrement réconcilié avec le Christianisme, mais, avec un Christianisme sage & raisonnable, avec le Christianisme de l'*Evangile*, qui n'est qu'une seconde Publication de la *Loy Naturelle*, faite au nom & en l'autorité de Dieu, & munie de la Sanction la plus propre à la faire respecter.

Voilà désormais ma *Philosophie.* Je m'en trouve déja si bien, Monsieur, que je désire qu'elle devienne aussi la vôtre.

Je suis, &c.

FIN.

www.ingramcontent.com/pod-product-compliance
Ingram Content Group UK Ltd.
Pitfield, Milton Keynes, MK11 3LW, UK
UKHW022015170726
13837UKWH00001B/210

9 782329 294773